站向健康

——武术站桩养生问答

王建华　王晓东　著

人民体育出版社

图书在版编目（CIP）数据

站向健康：武术站桩养生问答 / 王建华, 王晓东著. -- 北京：人民体育出版社, 2014 (2023.6重印)
ISBN 978-7-5009-4681-6

Ⅰ. ①站… Ⅱ. ①王… ②王… Ⅲ. ①桩功（武术）—问题解答②桩功（武术）—关系—养生（中医）—问题解答
Ⅳ. ①G852.1-44②R212-44

中国版本图书馆CIP数据核字(2014)第150703号

*

人民体育出版社出版发行
三河兴达印务有限公司印刷
新　华　书　店　经　销

*

850×1168　32开本　6.75印张　143千字
2014年7月第1版　　2023年6月第5次印刷
印数：11,501—13,000册

*

ISBN 978-7-5009-4681-6
定价：26.00元

社址：北京市东城区体育馆路8号（天坛公园东门）
电话：67151482（发行部）　　邮编：100061
传真：67151483　　邮购：67118491
网址：www.psphpress.com
（购买本社图书，如遇有缺损页可与邮购部联系）

前 言

站桩？站桩！

在现代生活中很多人都会有过“返朴归真”的想法，只是产生此想法时不是瞬息即过，就是实现无门。只能感叹一声，再回到现实的现代化社会来继续奔忙和拼命。在现代生活中还有能让自己在短时间内“返朴归真”的方法吗？有！这就是站桩。摆个姿势站在那不动地呆一会儿，您就会感到舒服和有所新悟。

站桩是我国武术中的独特练功方法，就是摆个姿势站立一定的时间。但其中所含文化和奥妙颇多。在此我向朋友们先讲两点。

第一，我曾经受到过多位武术恩师的“站桩教育”，但都是武术专业性质的，需要的时间较多，内容复杂深奥。因为站桩对于我们从事武术专业的人士来讲，是非常重要的基础功夫。就是要努力细练，甚至要不断超出身体负荷地练，因为要参加比赛、要出成绩、要争光、要继承和传承某个门派。这样的内容和练法与朋友们养生保健的实际需要距离较远。

第二，我和王晓东副教授都是从事武术教育工作的，每天从事的工作和接触武术圈内和圈外的事情是多方面的，站桩只是我们工作和生活中的一项内容。这种状况与需要同站桩养生的朋友们的性质是一样的。与专门从事站桩研究的练习者相比，我们就是业余！但也因此具有接近大众群体生活实际的属性。因为非武术专业的人士都有自己的专业和工作，只是用这种方式活动身体罢了。对于只是想要健身养生的大众来讲，练习时愉快并出汗，练习后身心舒坦就够了。

但是，要有效地活动身体，也不能太随便了。因为身体是自己的，对此是要极度负责任的。因此一定要了解其中的过程和基本要领，掌握不出毛病和少走弯路的练习方法。在此以我们的切身经历告诉您，站桩使我们确实受益不浅。主要的收益有以下三个方面。

一、明显的表现就是精力充沛、动作灵活迅速

精力充沛和动作灵活迅速，这是我们工作性质的需要。试想当武术老师的站在学生面前无精打采或动作松懈无力，那学生的兴趣与积极性何在？因为腿部有力，所以增强了我们授课示范能力。既可以引起学生们的学习兴趣，也避免我们自己出现身体伤害。

二、精神疲劳之时站桩可以明显缓解

和田径、球类的老师相比，上同样一节课，我们武术老师的讲解和示范的工作量和强度都很大，说是“气血两亏”一点不过。加之科研工作的要求，身心确实疲劳。但累的时候站一会桩，再练练拳脚，缓过来了。再干！谁让我们从骨子里喜欢武术这个行业来着。

三、亚健康时站桩可以调节

都说搞体育的人身体好，其实并不尽然。因为年轻时的刻苦训练过分透支了身体，工作性质又需要好的体能和继续透支。我们和不从事体育工作的朋友一样，也是会出现身体不适的“亚健康”的状况。我们的体会就是站一会桩，再练练拳脚

器械，出身汗，就调节过来了！

这是我们自己长年来经常练习的体会。其实社会上的各行各业都需要表现出精力充沛而显活力，都需要缓解身心疲劳，因为这是现代社会的普遍现象。成功者哪个没有透支过自己的身体，都需要自我调节。当然还有很多需要解决的问题。站桩可以说是诸多解决或改善这些问题的方法之一。

我们多年来时断时续地经常练习养生站桩，在教学和训练中运用站桩的方法使学生尽快学会和提高，收获和感受颇多。因此结合我们自己的练习体会，对站桩产生的武术视角思考和实践尝试，以及教给他人练习过程中曾遇到的问题和思辨，用问答的方式写成本书，供广大读者健身养生时参阅。

本书上篇“养生桩学练问答”中“易筋经”的动作照片由中国计量学院体育部王晓东副教授示范拍摄；下篇“武术站桩集锦”中的动作照片由北京师范大学民族传统体育学硕士研究生王羽辰示范拍摄。

北京师范大学体育与运动学院教授　王建华

2013 年 11 月 19 日

目　录

开篇　初识站桩问答

上篇　养生桩学练问答

中篇　太极拳教学中的站桩学练问答

下篇　武术站桩方法集锦

开 篇

初识站桩问答

本篇解答的都是我们平时在课堂教学和社会上教学时学生们和初次接触站桩者提出的问题。在此一并作答。

一、站桩是怎么回事？

站桩的字面意思是身体站立不动，像木桩一样。站桩是中国武术特有的一种练功方式，它有别于已知的全世界所有的体育运动，是以“站立不动”作为自己的运动形式。这在非武术界的人士看来似乎有些不可理喻，就这样站着，能算是一种运动吗？只是站着不动，就能锻炼身体甚至具备武功的基础吗？可同时又曾听说这是武术界极为看重的一件事，各种拳派都把站桩作为一项基础性训练，也听说过“未习拳，先站桩”“要练武，三年桩”这样的话，甚至还有“百练不如一站”的说法。可是不明就里，难免人云亦云，其中的“惑”不是轻易能解的。

站桩从姿势上看起来极为简单，可详究细论起来，其中的内涵又极为复杂。既和中国传统文化有着千丝万缕的联系，又是中国人独特的思维方式和千百年来对未知世界（包括自身）不懈探索的一种特殊形式。

陆游在《冬夜读书示子聿》中写道：“古人学问无遗力，少壮工夫老始成。纸上得来终觉浅，绝知此事要躬行。”要想真正理解站桩是怎么回事，必须、也只有通过自己亲身实践，反复揣摩，学习理解。惟其如此，才可能获得属于自己的认知，获得站桩给自己带来的特殊锻炼效果。

二、明确提出站桩的是哪个拳种？

《黄帝内经·上古天真论》里有这样一段话：“黄帝曰：余闻上古有真人者，提挈天地，把握阴阳，呼吸精气，独立守神，肌肉若一。故能寿敝天地，无有终时，此其道生。”这是中国国学典籍中关于站桩的最早论述。根据《黄帝内经》的成书时间，站桩这种身体练习方法已有两千多年的历史。在此提请读者要特别注意的一点是，这种特立独行的方法千百年来只是作为习练武功之法和养生的辅助之法。

明确提出站桩的是创立于上世纪二三十年代，脱胎于形意拳的“意拳”。意拳创始人王芗斋前辈在此期间阐述中国拳术真谛，主张解除封建传统师徒制，废除拳套招法训练，强调应用科学方法训练，公开教授武术界秘而不传的站桩功夫。

在意拳的立论文章《拳道中枢》一文中，王芗斋前辈在“练习步骤”中明确提出“站桩”。在《意拳拳谱与八法训练之法则》中则进一步细化为“意拳的站法”，并列出浑圆桩、技击桩和其他桩法。为了强调站桩的重要，王芗斋前辈甚至还单独著文《站桩漫谈》，全文分为序言、养生桩的来源和变迁、养生桩的意义和作用、养生桩应注意的问题、独立守神、肌肉若一的锻炼、调配方法、养生站桩歌、练习站桩的体会和常见的现象、站桩对各种疾病的治疗等，共九个部分进行了详细阐述。

王芗斋前辈的传人于永年先生认为如果武功练到十成，其中九成是在站桩。虽然站桩这种锻炼方法由来已久，在意拳之前的各武术流派都有丰富的实践，但把站桩强调到如此无以复加的程度，且有实践有理论的，非“意拳”莫属。

三、站桩有多少种？

站桩有多少种要看分类的标准是什么，综观各门派，各拳种的站桩功法、身体姿势和各自练习要求的数量之多真可谓数不胜数。

从站桩功法的作用来说，不外健身、技击两大类。养生桩是基础，技击桩是应用，两类有相似的地方，也有各自不同的练法，不能截然分开，只能说是各有侧重。

从站桩动作所归属的传统拳种来看，有形意拳的三体式，太极拳的无极桩、太极桩，意拳的浑圆桩，弹腿的单鞭桩，少林拳马步四平桩等等，不一而述。

以站桩时同一动作的姿势高低来分，可分为高、中、低三类。

以站桩时的步型来分，有弓步桩、马步桩、虚步桩、独立桩等。

以站桩时手臂的姿势来分，有扶按桩、撑抱桩、托抱桩等。

综上所述，站桩的种类取决于练习者对站桩的不同需要和不同理解。但所谓天下事纷纷者各有所属，攘攘者自有其源；一本散为万殊，万殊归于一本。站桩再多的姿势，也只是一站到底，独立不改而已！

四、怎么理解站桩是一种运动？

站桩时虽然在身体姿势的外型上看不到肌肉收缩，肢体也没有产生动作位移。但站桩时通过特定的姿势和精神意识的引导，可以使全身肌肉用劲得到新的有序调整，全身的血液循环畅通、促进新陈代谢、增强各内脏器官乃至细胞的功能；站桩到一定时间会进入内静的状态，使大脑受到良性刺激而产生抑制性保护作用。传统医学认为，这种练法能锻炼筋骨、增加气力、疏通经络、调和气血、阴阳相交，使身体的内环境达到动态平衡状态。

站桩时需要维持姿势的肌肉保持持续不断的收缩，即运动生理学所称之为的“静力性用力”。随着站桩时间的延长，参与工作的肌肉群就会产生不同的颤抖现象。初期的颤抖轻微，不见于形，但在膝、大腿等处能用手摸到；继之颤抖明显，可以看到大腿内外侧肌肉有规律、有节奏地波动；再进一步，从外形上即可看到肌肉跳动乃至由此引起的全身抖动现象。这样经过一段时间之后，由于肌肉的耐劳力和神经系统控制能力增强，跳动又逐渐变为颤抖或者不动。

站桩练习到一定程度之后，由于大脑皮质内抑制作用的增强，新陈代谢、血液循环等一系列生理机能得到改善，身体内部就会产生一种特别舒畅的感觉，头脑清爽，胸腹空灵，病状消失，精神振奋，四肢有力，全身轻松，这种舒畅随着站桩练功的加深，会愈益显著。

从上述的过程和效果结果来看，站桩可以说是一种初期痛苦和后期舒适交织在一起的“先苦后甜”的健身运动。

五、站桩有什么文化意蕴?

站桩在中国人看来已经是很稀有的一件事儿了，换成不同文化背景的人来看则更是一件不可思议、充满了东方神秘色彩的行为。从文化意蕴的角度来看，站桩这项运动具有浓郁的中国传统文化色彩。

中国文化在表达方式上有着自己的独特之处，特别讲究形简而意丰，言近而旨远。所谓“言有尽而意无穷”，言简意赅。站桩就是形极简而意极繁的一个代表。

在书法中，哪怕是最简单的笔画，如一横一竖，也有无尽蕴含。笔画的提按顿挫、露锋回锋，使线条有了内敛与发散的张力，从而显示出无尽的意味。中国画画面虽有限，画意却无尽。画框并不构成作品的局限，这迥异于西方油画的情形。齐白石先生有一幅有名的作品，叫做“蛙声十里出山泉”，画面上其实并无青蛙，也无山泉，只是画了一条山间的溪流，有几尾蝌蚪在里面自由自在地游荡，它启发人的联想，既表现了绘画形式无法表达的声音，又把人心中的思绪和意象引向了画外，可谓高明之至。这种手法典型地代表了中国画的特点。

站桩的高明之处，就类似于《易传》所谓的“其称名也小，其取类也大”。此外，老子主张“无为而无不为”。站桩主张“无为”和“不动”，但有为出于无为，“不动之动乃是生生不已之动”。

中国佛教禅宗主张“万法皆空，即为实像”，站桩认为空处非空，真空生妙有。

明代学者王守仁提出“致良知”一说，站桩主张“改造生理，发挥良能”。

此外，站桩还是中国儒家经典提出的“格物致知、修齐治平”的具体修行方法。

凡此种种，加之站桩中种种矛盾，如轻重、松紧、虚实、刚柔、高低、前后等等，都可以归于上古经典《易经》。可见站桩一事虽然简单，但赋予了丰富的中国传统文化内涵。

六、为什么有人将站桩视为中国武术的不传之密?

因为站桩这件事一方面太过简单，可另一方面又极其复杂深奥；一方面太过离奇、出人意外，可另一方面又平淡无奇，甚至令人枯燥难耐。但如果进了这道门，可能会窥见武术的堂奥。

可能那些称为秘密的东西都有共同的特点，就是没有一般人想象的那么复杂，但如果不告诉你，你自己却很难发现和想得出来。

如果有人要告诉你“乾坤大法”，你一定会嗤之以鼻，或以为别人在和你开玩笑。但如果你按照上松下紧、上虚下实的要领站桩时，别人要想推动你就会比较困难，这时你也许会觉得比较神奇。实际上王芗斋前辈在《意拳拳谱与八法训练之法则》中已反复提过“上身要柔软松灵，下身要刚硬紧实”，并实言相告，“这是意拳的诀窍所在”。

所谓“乾坤大法”其实并不神秘，乾为天，大家想想，天之象是什么，就是天空，就是空；在身而言就是松，就是膨胀，就是散开。而坤就是地，大地则无比沉重密实。照此练下去，腰以上放松，腰以下紧实，路了对了，功夫提升只是一个时间的问题。

其实中国传统文化有时并不神秘，直白的大实话已经告诉了所有朋友，只要你坚信笃行，必有体悟。

因为简单，因为离奇，因为得之不易，因为“知”对于“行”的决定性的指导和引领，因为具备了秘密之所以成为秘密的所有因素，所以许多人将站桩视为中国武术的不传之密。

七、学武术是不是都要站桩?

站桩是传统武术训练的一个重要组成部分，也是中国武术区别于他国武术的重要特点之一。现代武术训练也经常采用站桩的方法定型基本姿势和提高腿部的武术专项力量。

就博大的武术而言，站桩是筑基入门的功夫，它解决了搏击所需的一部分身体和心理的要求，但不能代替其他搏击内容的训练。即使是将站桩推崇到极致的意拳，也还要求练习者要在站桩的同时配合试力、推手、步法、发声、实作训练，才能用于实战。

站桩既是筑根基的初期练功方法，又是贯穿修炼始终的达到高艺境的一种修炼方法。

中国武术之所以博大精深，就是有不同的人用不同方法来做同一件事。学武术是不是都要站桩要取决于师传，有的老师主张站桩，有的主张练活桩，有的不主张站桩。

主张站桩的老师需要有内容丰富的步骤和方法，学生才能站得下去。

八、学武术是必须先站桩之后，才能再学练拳术和器械吗?

不同时代、不同流派、不同老师、不同人群对于武术的理解都是不一样的，有人主张先站桩后学拳和器械。有人则认为站桩会把人的步子站死，故不主张站桩，还有主张站活步桩，也就是变换身体姿势的短时间姿势固定练习。

现在仍有部分习武人群和部分武术流派重视站桩，只能说这部分习练者代表了中国武术的一种风格，这也是中国武术丰富性的一种体现。

九、练习站桩有哪些主要的健身养生功效?

站桩对于人体锻炼和保养的功效是多方面的。

经常练习站桩，首先是让练习者自觉得精力充沛。站桩对于神经系统、呼吸系统、血液循环系统都有明显的作用。

站桩之所以能够健身，在于站立者自我身心调理。对于神经系统而言，站桩能使中枢神经系统迅速、深沉、广泛地抑制下来，能使中枢神经休息。

站桩时呼吸变得深长，能够在不增加呼吸系统负担的情况下提升呼吸效率。站桩到一定程度时，脉搏增加，从而加强了血液循环，促进新陈代谢，提高人体免疫力，使身体各组织系统抵抗力增强，身体机能得到调节、增强和提高，达到强身健体，祛病延年的功效。对人们强身健体和防治多种慢性疾病，都会有较好功效。

站桩时腰脊上拔，小腹及腰胯松沉，脊骨的相对拉长及垂直，带动上身骨架的伸张，让内脏回归最适当的位置，各复其位，各司其职。

站桩时不用拙力，会增大微循环系统的血流量，可以平衡脏腑，有弱者转强之效。

站桩时的紧松活动，可增加韧带、关节和肌肉的柔韧性，因而可以使运动系统锻炼出富有弹性的柔韧力。还有冬天不怕冷，夏天不怕热，极大地改善心肺功能，使人心胸宽广。

站久了能改善上实下虚的体质，增强平衡能力，不易跌倒，遇事不会心慌意乱，而能沉静应对。

十、站桩能提高人的反应能力吗?

对于不经常参加体育运动的人来讲，站桩对提高其反应能力有积极作用，主要是通过两个方面的练习逐渐实现的。

第一个方面是在站桩中放松入静。意拳桩功有“敛神听微雨”的说法，就是通过放松过程，细化身体各感受器的分工，这样的训练还有很多，比如听树叶落地的声音，感觉风吹过来身体的感受等等，练习者可以在站桩时自己设定。通过这样的练习，可以逐步提高神经系统，特别是感觉系统的灵敏度，从而提高人的反应能力。

第二个方面是意识诱导（意拳称之为“精神假借”）。是自己在站桩时设定，在危机一触即发之际，你必须本能地做出最快的反应。例如人在碰到火和被针扎后会迅速地把手收回来。“精神假借”是意拳调动人体潜力的一种训练手段，久而久之，人的本能被调动起来，反应能力自然提高。

这两个方面的练习说起来比较简单，但练起来还要花费时间和周折的。练习时是无中生有，要以假做真，直至练成“触觉活力之本能”，此非一日之功也。

十一、站桩能提高人的抗击打能力吗?

中国武术对于提高人的抗击打能力有着不同的理解和训练方法。一般所谓外家主要练习拍打，靠拳脚由轻到重地击打身体，身体能适应之后，换作器械击打。这是由外力按照一定方式作用于机体，逐渐提高身体适应能力的方法，这种方法就是所谓的“没学打人，先学挨打”；还有一种是硬气功，靠运气达于身体各个部分，然后进行拍打。这两种方法虽然见效快，但也都饱受诟病，原因是拍打可能引起自身的伤害以及偏重于防守的保守思想。

站桩的指导思想是不练拍打，通过站桩练习使得自身强大，体质改善，内气充盈，腑脏坚实。加之站桩提高了骨骼密度，本身筋骨强健，功力笃实，加上肌肉松紧的控制，根本不惧怕一般的打击。所以，站桩能够提高人体的抗击打能力，且内外一体。

十二、站桩能提升人感知能力吗?

感知能力包括感觉和知觉两个方面，感觉是人脑通过感受器所接收到的刺激的物理信息并转换成可被人脑理解的电化学信息的过程；知觉是大脑对感觉信息进行组织和解释的一组心理过程。

感知能力取决于感官对刺激的敏感程度，以及知觉对刺激的判断综合。通过站桩的确可以提高人的感知能力，这方面每个人的经验可能不一样。

作者在初学站桩后一个月左右，在一次坐长途火车的途中，一本书在颠簸的情况下从小桌板上滑落，周围所有人都看到了，但没有人做出任何反应，而作者却很自然地伸手接住了这本书。周围的几个同学觉得很神奇，作者也有点小得意，现在回想起来还历历在目。看来站桩对提高人的感知觉可能有着某种神奇的效果。

十三、站桩能增强筋力吗?

“筋”就是肌腱。中国武术中有一句谚语叫“外练筋骨皮”、“宁可筋长一寸，不可肉厚三分”，中国武术更注重练“筋”力。因为肌肉力量比较容易练，只要坚持一个月就会有明显提高。但只要一个星期不练，力量很快就又会消退。而筋力比较难练，一旦练出筋力就很难消退。

通过站桩练出力量的途径有两个。一是紧松练习，先紧后松，极紧极松。反复的紧松练习可以提高肌纤维参与收缩的数量，提高神经系统对肌纤维调动的效率。

站桩增加力量的另一途径是坚持站桩到肌肉疲劳，在肌肉疲劳的状态下保持姿势不变需要筋膜的“代偿”功能发挥作用，久之就会筋强骨壮，力量大增。

十四、站桩是哪一类能量代谢方式？

运动生理学依据能量代谢的方式，将运动分为有氧运动和无氧运动。有氧运动是指任何富韵律性的运动（如快走、慢跑、健身操、游泳、骑自行车等），其运动时间较长，运动强度中等，人体吸入的氧气与需求相等，达到生理上的平衡状态；是人体在氧气充分供应情况下进行的体育锻炼。

无氧运动大部分是负荷强度高、瞬间性强的运动（赛跑、举重、投掷、跳高、拔河等），是指肌肉在“缺氧”的状态下的高速剧烈运动。无氧运动时会在体内产生过多的乳酸，导致肌肉疲劳和运动后肌肉酸痛。

站桩可以说既不属于有氧运动，也不属于无氧运动。专门研究站桩的于永年先生将其命名为“增氧运动”。因为在站桩过程中，脉搏和肺活量都会有一定的提高，而整个过程由于没有产生身体位移，相比于长跑那样的大能量消耗，站桩用来维持基本姿势不变消耗的能量几乎可以忽略不计。如果说有氧运动过程中，人体吸入的氧气与消耗的氧气相等，达到生理上的平衡状态。那么，站桩运动则由于较平时吸入更多氧气而消耗较少，所以有剩余氧气储存在体内，这也是为什么站桩会改善体质的生理依据。

十五、气功站桩与武术站桩的区别是什么？

气功站桩与武术站桩二者目的不同，操作不同，感受也不同。

气功站桩以自身的内气运行为核心，讲究“形松意松”，操作过程中讲究守窍，周天循环，呼吸训练等。

武术站桩以获得身体的整体击打力量为训练核心。武术站桩是练形、意、气、力的互相联系、互相制约。训练形（姿势）和意（意念活动）的协调配合，“以形取意，以意象形，意自形生，形随意转”。以求达到力不练自生，气不运自行的状态。

武术站桩的“形松意松”仅仅是入门，入门之后则不仅仅是“形松意松”那么简单。就形而言，在达到深度的松之后，还要不断的紧松交替，各个部位的松紧交替，这就是所谓的“把握阴阳”。

武术站桩时自然呼吸；在意的方面，则松静之后，到一定程度时要达到“形松意紧”，且能运用自如。同时还要培养自身的豪迈浩然之气。意识上与天地精神往来，而不是像气功那样循经守穴。继而还要利用精神假借，培养危机一触即发，而我坦然应对的无畏气概。

十六、站桩和静坐有什么不同作用?

从古至今，中国的佛家、道家、儒家，以及医家，无不推崇静坐养生，宋儒提倡“半日读书，半日静坐”，王阳明对“静坐”养生明确地说：“究极仙经秘旨，静坐为长生久视之道，久能预知。”印度的古瑜伽术也都有以静坐颐养身心的重要内容。

流行于西方的“超觉静坐”是以静为主的气功锻炼方法，在西方习练者颇多，认为此法有促进智慧、健康，改善行为，增强主动性及生产力等效应。欧美一些学者曾利用现代科学手段对此功法作实验分析，他们着眼于超觉静坐引起的人体生理状态的变化，对练功时人体生理、生化参数的改变，作了比较系统的观测。结果证明，练此法时会引起人的脑电活动、内分泌情况、免疫系统功能等多方面有利于改善自身素质的变化；大脑皮质的功能状态明显不同于常态，而是进入了既不同于清醒态也不同于催眠态的一种新的更加有序的稳态——超常稳态，所以称“超觉静坐”。

静坐、站桩，一静一动。文武之道，一张一弛，静坐是文练，站桩是武练。

我们认为，静坐更利于入静。和静坐相比，站桩对于全身肌肉的锻炼价值更高。可以增力益气、使人体肾气固、精力强。只要摆好架势，即可激活经络。站桩时上虚下实的身体姿态，正好纠正克服人们普遍存在的上实下虚的不良生理状态。

十七、为什么很多书和杂志上都说站桩时要“意守丹田”？

丹田的概念原是道教内丹派修炼精气神的术语，一般所说的意守丹田，都是指意守下丹田。下丹田的位置是脐下三寸，是动脉、静脉毛细血管交接血液转换封闭循环的地方。

古人认为下丹田和人体生命活动的关系最为密切，是“性命之祖”“生气之源”“五脏六腑之本”“十二经之根”“阴阳之会”“呼吸之门”“水火交会之乡”，是真气升降开合的枢纽，是汇集、储存真气（生命能量）的重要部位。但从现代解剖学和生理学的观点看，下丹田所在的部位至今并未发现有特殊的功能。

有趣的是，从形态来看，所谓丹田都处于人体的“黄金分割”点，也是人体重心位置。关于“丹田”的问题，章乃器先生在1928年著的《科学的内功拳》一书中就进行过专门的论述，“其实所谓丹田，不过是一个注意点或者内部的紧张点”。所谓意守丹田是将意念集中于丹田，以一念代万念，是练功入门的诀窍，意守丹田时容易放松脑部，使大脑深入休息，如此说来也是一种以假修真的方法。

十八、很多拳种为什么都要先站马步桩？

因为马步对于激发气血，增强腿劲，强身健体，治疗疾病效果最显著。

《少林拳密诀》中说：“运用入手之法门，即以马步为第一招。俗语云：未习打，先练桩，亦即此意。苟能于马步熟练纯习，则气贯丹田，强若不倒之翁，而后一切柔术单行手法及宗门拳技均可以日月渐进矣！”从这里我们可以得知前人对站马步桩的认识。前人是想从中得到气贯丹田德润身的内功，乃至形体柔软的无骨功夫，攻防进退身法步法的根基功夫等等，直至达到形体上虚下实似不倒翁的根本功夫。

我们认为，马步作为武术各种拳法的基本步型之一，对于初学者主要具有三方面的作用。

其一，增强练武术所需要的腿部静力性支撑力量。

其二，定型两腿的基本姿势。

其三，明确身体重心在两腿之间，这样才便于学习其他虚实变换的步型和步法。

其四，初学者站马步桩时，大腿的肌肉酸痛异常，可以坚定练习者的习武决心，磨炼坚忍的意志品质。

十九、站桩有高矮桩之分吗？

站桩的高度和时间要根据练习者的体质和桩功的基础而定。同一动作按照高度来划分可分为高、中、低三种。按照于永年先生的划分，站桩的两腿姿势高度和时间是衡量站桩运动量的标准。对于初学者，可以循序渐进，初学先站高桩，随着腿部力量的不断增加再逐渐降低两腿的高度。

高桩腿微曲即可，但膝关节还是要有一定曲度，不可完全站直。低桩动作适当降低但动作不可变形，即所谓“形不出尖，力不破体”，不可引起身体其他部位的额外紧张。高桩和低桩没有绝对的标准，要根据练习的程度和身体状况而定，在一次站桩的过程中，也可做适当的调整。

二十、站桩只能练习一种桩势吗？

这要看站桩站到什么程度，如果是初学者，一个桩式还没有完全定型或还不能维持一定时间就随意停止，然后又换另一个桩式，这就好像烧水，烧到了一半又换了一壶水。虽然前前后后也烧了不少时间，可总是没能烧开一壶水。

如果站桩的功夫已经入门或有了一定的基础，在站完一个桩式后可以再试着换一个桩式是完全可以的。

二十一、有没有不需意念的站桩功？

站桩不能没有意念，意拳脱胎于形意拳，而仅保留一个“意”字，可见对于“意”的重视。但站桩也不能执着于意念，无意则神无所居，执着则伤神。

二十二、站桩能使人长寿吗？

我国古人早已将长寿列为“五福”之首，春节时我们经常会看到对联上写着“五福临门”，我国传统文化中“五福”的内容包括：“一曰寿、二曰富、三曰康宁、四曰攸好德、五曰考终命。”长寿可以说是每个人，特别是老年人的内心期盼，但即使五福俱全而身体不济，没有生活质量，五福也就失去了实际意义。

《皇帝内经》将站桩描述为“寿蔽天地，无有终时，此其道生”，这样说来那简直就是长生不老了。

站桩是一种动静相兼、内外温养的练功方法。练习时形、意、气、力互相关联、互相制约、动态调理身体内环境的阴阳平衡。所以既可休养心神，又能锻炼形骸。因此坚持不懈的锻炼可以使原来体质较弱的人逐渐强壮，使强者更强，推迟衰老，却病延年。不仅适用于医疗康复，更适用大众的日常健身保养。特别是在有限的生命过程中能使人健康有质量的活着，充分享受自己的生命。

当然，一个人的寿命是受复杂因素决定的，例如气候、饮食、医疗保健条件、居住环境、生活习惯、遗传基因、家庭生活、性格特点等等，是多种有利因素综合作用的结果。适当锻炼对于健康长寿能够起到积极作用，其中自然也包括站桩。

二十三、练习站桩能够减肥吗？

当站桩持续练习一个阶段之后，会出现有的练习者降低了体重；有的练习者站桩后身体变得消瘦，但体重没什么变化；有的练习者站桩之后体重增加，体质增强。所以站桩是否能够减肥，要看站桩前个人的体质情况、站桩时的运动量、站桩之后的饮食情况等因素综合而论。

人体内存有一套精细的监测及调控系统，以维持体重稳定，短期体重增加或减少将自动代偿。体重受神经系统和内分泌系统的双重调节，最终影响能量摄取而发挥作用。虽然站桩不像一般的体育运动那样活动肢体，但站桩时人体的气血运转得到了强化，因而加速了人体的新陈代谢，如果站桩坚持一定时间或有一定的强度，就有可能达到平时做有氧运动所具有的减肥效果。

站桩能够减肥还与站桩时的呼吸有关，站桩一段时期以后，呼吸方式会从平时的胸式呼吸转为腹式呼吸，而且呼吸会变得深长。这些变化本身就有利于减肥，尤其是逆腹式呼吸，即吸气时小腹内收，呼气时小腹放松。这样的腹部运动就等于在对肠胃做深度的按摩，帮助燃烧腹部的脂肪。

二十四、站桩可以增长身高吗?

长高这件事说到底还是和骨骼、筋膜有关。从人体骨骼的构成来看，全身总共有 206 块骨骼，其中关乎人体身高和体型的骨骼主要有两部分：就是脊柱骨和下肢长骨。人体最长的骨头是股骨，即大腿骨，它通常占人体高度的 27%左右。骨的生长必须具备两个条件：一是由成骨细胞的作用形成骨样组织；二是矿物盐在骨样组织上的沉积。与此同时，还由破骨细胞作用进行骨吸收，以维持正常骨组织的代谢平衡。任何影响成骨细胞活动、矿物盐沉积和破骨细胞活动的因素都可影响到骨骼的生长发育。

除去遗传因素，有多重因素可以影响到人的身高。首要因素是营养摄取，充足且均衡的营养是让孩子长高的关键。想让孩子长得高又壮，不可缺少的营养素包括蛋白质、钙质、维生素 A、维生素 C、维生素 D、矿物质镁及锌。每天晒 10 ~ 15 分钟太阳，人体便可以自行制造维生素 D。还有充足的睡眠也有利于长高，老人都说孩子是在晚上长的。适当的运动，尤其是一些弹跳性的运动和拉伸性的运动也有利于骨的生长。

站桩可以增长身高，但是有一定前提。其一就是在生长发育的关键期，男孩子一般 15 ~ 20 岁，女孩子还要早些。这个时间练习站桩可能增加筋力，有利于生长发育。

站桩能够增加身高和练习方法、练习强度也有关。对于脊骨的锻炼，从虚领顶劲到含胸拔背、松腰、坐胯，这一系列要求，归纳为一句话就是将整个脊柱拉成一条直线，这样做可以把人体上半部分联成一个整体，上提和下拉的练习方式有助于增加每个脊椎骨之间的间隙，利于增加脊椎的弹性和营养物质代谢，从而起到增加身高的作用。

至于下肢的锻炼，强调又蹬又踩，这种用力方式可以在很大程度上刺激骨和筋膜，因而提高物质供应，提高下肢大小腿骨的韧性，也可起到增加身高的作用。

二十五、站桩会不会影响体形？

许多人带着自己一定的目的来站桩，这可能是他（她）们坚持站桩的动力和能够坚持下来的精神支柱，比如说许多女孩子听说站桩能减肥，便趋之若鹜。听说站桩能增加体重便又弃之如敝履。为了改善体形而进行站桩锻炼的人绝不在少数。

站桩影响甚至改变人的体形这件事儿也要因人而论。有人可能通过一个阶段的站桩体重减少，身体苗条，皮肤光滑；也有人通过站桩体重增加，肌肉匀称。这要因站桩的运动量和练习者本人原来的身体状况而定。

站桩者体质的良性变化和反应是判断习练站桩是否有效的重要依据和标准，只要体质出现了良性的变化和反应，比如精力充沛、力量增加、食欲改善或病情减轻等，就应该坚定信念和信心，以更加顽强的毅力和勇气投入到站桩中去，因为只有这样，我们的生命质量和生活质量才能够出现实质性的改变，这时你会发现，体形的改变已不是最重要的了。

二十六、从事体育工作或每天从事体力劳动的人可以练习站桩吗?

站桩是一种对身心的调整，不仅是在休息中的运动，同时也是在运动中的休息。体育工作者和从事体力劳动的人用站桩进行一下身体调整是完全可以的。在具体操作中，还要根据各自的工作性质和健康情况进行相应的调整。如果已经比较劳累了，可以站姿高些，还可以将站式改为坐式或卧式；如果为了提高自身的反应能力和力量，则还要进行相应的桩式和相匹配的意识活动。

二十七、“久坐少动”的工作者练站桩合适吗?

现代生活的方式之一，就是人类站立和行走的机会较之五十年前大约减少了一半。尤其是身处都市从事脑力劳动者，上班的时候坐在办公桌前，出门有车坐，回到家里又一屁股坐进沙发看电视，一天绝大多数时间都是坐着。身体因缺乏运动而气滞血淤，很多病就是由坐而生的。由此而生的病，不仅复杂，且不容易治愈。

目前还有人以“宅”为时尚，不知久坐的危害有很多，如果不注意就会给自己的身心带来严重的后果。

（一）保持久坐不动的姿态，会引发全身肌肉酸痛、脖子僵硬和头痛头晕，乃至腰椎和颈椎疾病。

（二）保持久坐不动的姿态，躯干对臀部的重量压迫使得下肢静脉血液回流减慢，血液淤滞，有时甚至出现静脉血几乎处于静止的状态，极易诱发静脉血栓的形成。同时全身血管血容量（外周血容量）减少，心脏功能减退，导致加重心脏病，提前发生动脉硬化、冠心病和高血压等病症。

（三）久坐容易引起肠胃蠕动减慢，消化腺分泌消化液减少，出现食欲不振等症状，导致出现腹胀、便秘、消化不良等消化系统症状。

（四）久坐可使直肠附近的静脉丛长期充血，淤血使人的痔疮加重，导致大便出血、肛裂等症。

（五）久坐还会使人的大脑供血不足，导致脑供氧和营养物质减少，加重人体乏力、失眠、记忆力减退等。

在这种情况下，如果没有其他运动设施和条件，站桩就是缓解“久坐少动”危害的一种不错的选择。所以从事“久坐少动”的工作者尤其适合进行站桩练习。

坐久了，就起来，摆个姿势站一会，会感到十分舒服。

二十八、有没有不适合练习站桩的人？

站桩对于练习者没有特殊的要求。站桩时只要保持身体姿势，放松、清净、安静即可，可以说是“半休息半运动”的练习状态。所以站桩具有广泛的适应性。

但这也不是说所有的人都适合站桩，如内心浮躁的人就不适合站桩，也不会尝到站桩的甜头。还有做事无韧性和意志力较弱的人随练随止，没有坚持，就不会得到具体的站桩感受，自然也就不适合学练站桩。

另外，有酗酒习惯的人、有心理疾患的人最好不要练习站桩。

俗话说“佛渡有缘人”，从来都是“道不远人人自远道。”

二十九、练习站桩会产生偏差和走火入魔吗?

在气功练习中，由于对入静的要求比较高，当入静到一定程度时，如受到突然出现的外界干扰（巨响、喊叫、受惊吓等），往往会出现“惊功”的现象。在练功中运行“大小周天”时，如果意念过重或细节操作失误，就可能出现所谓“走火入魔”，并会由此引起身心的诸多不适，严重时会出现幻觉甚至精神心理障碍。

有些气功练习者练习时，违背气功自然松静的原理，急于求成，强求硬练，不循序渐进等，也很可能会出现头晕、胸闷、气短等不适现象。

站桩既不要求必须入静，也不要求人为调整呼吸，更不要求意守丹田和运行“大小周天”，所以练习站桩不会产生偏差和所谓的走火入魔。初学者尽可解除这些疑虑，站桩的效果虽有大小快慢之别，但大量的实践证明站桩是安全有效的一种运动。

三十、站桩时可以体会到“天人合一”吗?

“天人合一”是中国古典哲学的根本观念之一。所谓“天”，就是“自然”的代表。汉儒董仲舒在《春秋繁露·深察名号》中则明确提出："天人之际，合而为一。""天人合一"成为两千年来儒家思想的一个重要观点。

传统哲学告诫我们，人类只是天地万物中的一个部分，人与自然是息息相通的一体。在现实生活中，从建筑到服饰，从医药到饮食起居，代表了天、人、地的和谐统一，缺一不可，"天人合一"的思想无处不在。

《黄帝内经》讲"提挈天地，把握阴阳"。当站桩练习到一定的程度，诸多练习者在站桩时会感觉到自己的身体顶天立地，融入自然之中，这种感觉也可以看作是"天人合一"的一种体验吧。

三十一、站桩中能锻炼出特异功能吗?

这要看如何定义特异功能一事。经过站桩锻炼，会出现感觉灵敏、力量增加、体质改善等情况，这些都是自然、正常的生理和心理变化。

而所谓的心灵感应、透视、预知、念力、搬运等超自然能力，这些都不是站桩所追求的。

三十二、练习站桩需要专门增加营养吗?

站桩时呼吸深长，增加了吸氧量。而心脏跳动次数的提高又促进了身体内氧的运输和代谢功能。加上站桩姿势本身调动了全身的经络气血运行，使人体的新陈代谢达到一种新的水平。因此有的练习者站桩之后消化功能增强，体质因此由弱变强，胃口大开有可能是身体真的需要补充能量或某种物质。也有的练习者站桩练到一定程度产生不愿意再吃荤，只愿意吃素的现象。这说明体质得到改善，已经不需要多余的营养，所以可以用自己身体的感受为准。不用刻意增加营养和调节饮食。

练习站桩，不用刻意改变饮食习惯，也不用需要专门增加营养。平时爱吃什么吃什么，但注意不要过量，辛辣刺激性的食品少吃或不吃。

三十三、学练站桩需要生活中有什么禁忌吗？

可以说站桩是禁忌最少的一项运动，顶多算是和其他运动相似的一些注意事项。诸如过饥过饱时不宜站桩、饮酒后和醉酒后不宜站桩、服过刺激类药品之后不宜站桩、情绪极度激动或抑郁时不要勉强站桩等等。

其他诸如空气环境，也是老生常谈。当然是避开污秽之地，选择清新舒畅之地为上。还有一件注意的事情就是“避风”，在室外要注意选择避风之处练习。尤其是出汗较多时，风邪易入体内，所以古人有“避风如避箭”之说。

三十四、站桩怎么才算入门？

站桩入门没有明确标准和严格界定，从身体感受来说，如果方法正确，身体出现良性反应，比如精力充沛，感觉身体舒适得力，就可以算是入门了。如果是习武者，站桩之后感到自己练拳脚时内力充实，出拳踢脚的劲力更加顺遂饱满了，劲儿更加整了。这都可说是入门的表现，此时一定要持续练习下去。

从时间上来说，经过站桩最初的一段时间，克服了局部紧张，身体姿势已经调整得准确到位，每次坚持站桩达到半小时而能适应的，大致也可以算是入门了。

上篇

养生桩学练问答

本篇共分三章。第一章主要介绍我们学练过的养生桩，因为我们的恩师孟昭祥先生对我们所有学生的武德要求就是：“自己没有练习过或自己都觉得别扭的东西就不能随便教给别人！”第二章我们用问答的方式介绍养生桩的学练要领和注意事项。第三章我们给读者提供一个王晓东副教授创编的易筋经五式，配合养生桩的静止练习，动静结合更适用于大众的健身养生需要。

第一章　我们两位作者与养生桩

在本章中，我们把自己经常练习的养生桩介绍给读者朋友们。

第一节　与于永年先生的站桩师生缘

1982 年 1 月，笔者在北京师范大学体育系毕业留校，在武术教研室任教武术专业。当时我们体育系运动生理教研室的张志贤教授喜欢武术，并且很关注我们青年教师的成长，在系里的一次会议之后，张先生给我写了一封信，介绍我去铁路医院口腔科拜访于永年先生。从此我开始在北京玉渊潭公园的八一湖边上向于永年先生学练意拳养生站桩。

于永年先生（1920—2013）在武术界的前辈之中是大文化人，1941 年毕业于日本东京齿科大学。历任北京铁路总医院口腔科主任医师，科主任。1944 年从师于大成拳（意拳）创始人王芗斋先生，研习意拳站桩功。1953 年首先在北京铁路总医院应用站桩治疗慢性病。运用人体解剖学方法分析、研究养生奥秘和武术拳理。在国内外首次提出休息肌的紧松内动学说（第二随意运动）的理论。于永年先生给我的印象是温文儒雅，待人亲和，对前来求教的学习者毫无保留地传授。

于永年先生因为笔者是从事武术专业教学的老师，所以对我很器重，经常从医学的角度给我讲解站桩的要领和原理；我经常见到有武术界的朋友们去拜访于先生；去给清华大学的老年朋友们讲站桩课时还带着我；有国外的学习团来北京，于先生也通知我参加；我也曾带着日本《武術》杂志的编辑朋友去拜访过于先生，于先生流利的日语让日本朋友惊叹。由于我当时刚留校工作，教学和训练任务繁忙，加之夫妻两地生活奔波，在站桩方面用心不够，没有下大工夫进行练习。有一次于先生对我说“有脑子的不练，没脑子的傻练”。这可以说是对我的批评吧。这句话经常对我起着鞭策作用，也使我由此拓展思考了很多武术教学方面的问题。我也因此而经常怀念于永年先生。

站桩在笔者的武术教学工作之中发挥了很多作用。比如，体育专业武术必修课的教学对象虽然都是体育专业的，但他们几乎都是田径、球类、体操专项的学生，在武术方面他们都是初学者。给这些学生上课时我就采用了变换上肢姿势的站桩方法，用这种方式来定型他们的步型规格和手法的空间位置，学生们有所提高也不感乏味。对于武术专项的学生，我则用站桩的方法来增加他们的功力，引导他们深入了解和体悟武术中的传统训练方法和文化内涵，同时磨炼他们忍受痛苦、坚韧持久的意志力。

本书的共同作者王晓东副教授就是1986年考入北京师范大学体育系，是由笔者带的武术专项学生。我曾经带他多次拜见过于永年先生。他1990年毕业，在兰州从事十年教学工作后又考回北师大随我攻读民族传统体育学硕士研究生，2003年毕业后到中国计量学院担任武术教师工作。他也是多年习练站桩，并将站桩方法运用于武术教学工作之中，对于站桩深有体会和教学经验。

第二节 话说意拳

于永年先生师从于意拳创始人王芗斋前辈，养生桩是意拳最基础的站桩之法。在此请读者对意拳也要有所了解。

意拳又名大成拳。和我国武术中的其他拳种相比，之所以说意拳是我国武术中的特色拳种，其一是因为意拳特别注重站桩练习，强调站桩时“意”与“形”的有机结合，讲究养生、练功、实用（技击）同时兼顾。其二是因为意拳技术体系中没有套路的形式，全是注重意念的徒手单势练习和接触的对抗形式。

意拳是王芗斋（字宇僧，1886—1963）先生在形意拳的基础上所创。王芗斋前辈出生在自古民风强悍，武术名家辈出的河北深县。他少年时从师于著名形意拳家郭云深（郭云深前辈是形意拳的一代宗师，在武术界有“半步崩拳打遍天下”的美名），颇得其真传。据说从 1907 年开始，王芗斋前辈周游国内数省长达 20 年，在此期间他遇到很多拳术名家，经过相互交流切磋进一步提高了他的拳技和拳理造诣，也使他逐渐悟出拳术精髓所在。1937 年他在上海传授意拳，颇负盛名；后回北京传授意拳并登报比武。1939 年，社会推崇王芗斋前辈的拳技高超，拳理集古今中外之大成，遂冠以“大成拳”之名。王芗斋前辈在青壮年时不仅以超众的拳技与国内诸多拳术名家切磋，以武会友；还多次与国外的拳击、柔道、剑道高手进行过交流。王芗斋前辈晚年时主要致力于研究和传授意拳站桩，以此为广大学习者治疗慢性疾病和保健益寿。中华人民共和国成立以后，王芗斋前辈曾应邀在我国医学界倡导和传授意拳站桩，从学者甚众。回顾历史，意拳中饱含着意拳先辈们和今天拳家们的智慧和艰辛血汗。

意拳的技术内容主要有七大项。

一、站桩

站桩是意拳的基本功，是非常简单有效的健身养生之法。站桩的姿势主要有养生桩、技击桩、伏虎桩、降龙桩、独立桩等。各种桩法均是通过意念训练来培养和掌握全身完整一气的“整体之力”，以及整体与外界的“抗争之力”，意拳术语称之为“浑元力”。意拳站桩的目的是让自己形成整体之力，保持自己的武功及具有随时迎战的心理准备和警觉性。

二、试力

试力是体会意拳各种拳势“浑元力”的慢速练习。每种试力均有相应的意念活动。

三、摩擦步

摩擦步是意拳的基本步法，亦为主要的下肢基本功，掌握后可以配合上肢拳法的试力和发力练习，主要训练身体位移时的“浑元力”。

四、试声

试声是意拳练“内”的主要方法，以求发力时达到“内外合一，完整一气”。主要有龙吟发声和虎啸发声等。

五、发力

发力是意拳各种拳法的快速练习和应用。发力前要求充分放松“蓄力”，发力时“一紧即松”。

六、推手

意拳的推手又称双人试力。为意拳的实战辅助练习。是两人在接触中进行对抗，训练手臂及身体的“听劲”和辨别对手“虚实”的能力。分为单推手和双推手。单推手一般为学习意拳的入门练习，在原地进行。意拳的双推手多结合步法在移动中进行。其攻击手法主要是拳法在接触前提下的应用；防守手法主要有刁、挂、缠等。在攻击时要后腿蹬地，抢对方中线。防守时只要体察到对方的进攻就要向内外划开并马上反攻。意拳双推手非常讲究进攻和防守时总要有一只手能随时放松，还要能用身体的晃动来避开对方的攻击和伺机反击。意拳推手和太极推手的主要区别是讲究在对抗中放松。活步双推手时对抗较为激烈。

七、实战

意拳也称之为“实做”，为运用意拳的技法进行的攻防格斗。讲究出手狠重，以重换轻。

上述七项的前五项为个人练习的内容，入门从站桩开始以后逐渐增加其他练法。平时练习以站桩、试力、摩擦步、推手为主。意拳能使人在练习时进入警觉状态。这对于今天大众的警觉能力训练有着非常实用的意义。

在此笔者只简单介绍这些，因为我们这里主要说的是其中最基础的养生桩。

第三节　于永年先生教给笔者的养生站桩

每位武术前辈传授的站桩姿势和内容是有所差异的。于永年先生传授给笔者的站桩是这样的。

一、养生桩的身体姿势

两腿开立与肩同宽，两脚全脚掌着地，脚尖向前或微内扣；两膝微屈并稍外撑，使小腿垂直于地面；上体自然正直，直腰，微含胸；两臂沉肩、屈肘呈弧形抱于胸前；两手成掌，手心向内，两手中指间的距离约两掌远，头略上顶，下颌微收；目视前方（图 1–1、图 1–1 附图）。

图 1–1

图 1–1 附图

要点：注意上体正直微向后靠，两膝微屈不超过脚尖。

站桩时，保持这个身体姿势一般要到 15 ~ 20 分钟。我们一般练习 30 ~ 40 分钟。

二、养生桩的主要健身意念

于永年先生曾经给笔者讲过很多站桩的意念内容，内容中涉及拳理、生理以及《老子》等传统文化。我和王晓东副教授共同经常采用的健身意念主要有以下几种。

（一）初学站桩时，主要的意念就是体会让身体放松，但不能使正确姿势在练习过程中变形。特别是每次站桩到一定时间，大腿和肩部十分酸痛时，尤其要体会酸痛部位的主动放松。当站桩时间达 15 分钟而不觉得酸痛时，可逐步体会以下意念。

（二）放松面部表情，以使精神上放松，并体会心情愉快的感觉。

（三）远看室外的树木或美景，远听想象中的愉悦之音（如古钟撞击之声，春雨、春风之声，草木生长之声）。若在室内练习，可在一定距离（3~5 米）之外，看自己喜欢的字画或文物摆设等。

（四）想象自己踩着松软的沙滩，缓慢地趟水行进，或站在一条温度适宜水流速度不快的大河之中体会水对手臂的浮力和身体对水的阻力，逐渐体会腿在泥中对应着较快水流缓慢前进。

（五）在上体上肢放松的前提下，两脚同时或依次缓慢用力蹬地。

（六）体会两手之间、两腿之间、手腿之间的牵拉感觉。

初步培养周身完整一气的“浑元力”。

（七）练到一定程度也可不用意念，摆好姿势一站即可。此时多会产生一种模糊的舒服感，以使身心松静而得到调整。

对于初学者来讲，养生站桩的姿势简单易学，但能产生祛病强身效果的关键是能长期坚持站桩锻炼，只要度过站桩开始阶段的“肌肉酸痛期”之后，在体会不同意念中，自会感到其中的乐趣和收到祛病强身的效果。

三、我们练习养生站桩的感受

汇总我们两位作者练习养生站桩的感受，主要有以下几点。

（一）养生站桩动作简单，随时可以练习，摆姿势一站就行。但要真正学习养生站桩，站桩就是非常精心的“细活”，要不断经过精雕细琢的修正动作和不断的变换意念。当然，练什么都得有耐心，都得静得下心来；都得忍受一定的痛苦；练站桩就得加“更”字。学练初期确实枯燥难受，入门之后确是很有意思的事情。

（二）一般的锻炼者只要站桩就能健身，只要坚持站桩，就可收到强身的效果，因为人不运动或很少运动的部位，很多毛细血管就要关闭，就会出现肌肉萎缩。站桩属于下肢肌肉的静力性练习，练习时肌肉缺氧堆积了大量乳酸，而乳酸可以刺激毛细血管大量开放，有效改善下肢肌肉的血液供应，同时也有利于血液回流心脏，改善全身的血液循环。

（三）坚持站桩一个月左右，站桩时会产生身心十分舒畅的感觉，站桩之后心里非常痛快。这对于缓解脑疲劳过度造成的紧张抑郁情绪、消化系统和心血管系统的慢性疾病、可以疏通经络促进新陈代谢有一定的辅助治疗作用。疲劳时站桩可以明显缓解；亚健康时站桩可以得到调节。

（四）在健身的同时还可以练习和提高警觉意识。在适应了站桩的练习方式之后，在健身意念的站桩基础上，还可以增加警惕性的意念练习。可以直接采用意拳里的假想敌意念。这个假想敌可以是与自己对打之人、扑来的动物，或警惕地防着意外的发生。

（五）自己会感到身体的气力明显增强

如果坚持每天站健身桩，练习一段时间之后，自会感觉到身体内部的精力十分充沛，好像双手充满气力，见什么想打什么。练过站桩有这种感觉的朋友绝非少数。明显的表现就是感觉身体有劲，两腿灵活，所以动作灵活迅速。这种效果增强了我们武术教学时的示范能力。究其原因，这是否就是通过站桩练习，自我改善了身体内部神经系统的机能、促进血液循环和新陈代谢、调整身体内环境而产生的效果。是否激发调动了人的先天潜力或增强了人的自信心和身体的“底气”。

站桩之后，一定要多散散步，这样会感觉到更加心旷神怡。

当然以上是我们的个人体会，不一定有广泛的代表性。仅供朋友们参考。下面就请朋友们看下面各章的问题和解决的建议。

第二章 初学养生桩问答

第一节 初学养生桩的要领问答

一、初学养生桩在身体姿势上要注意什么?

两脚平铺于地，与肩同宽，脚心虚含，脚后跟始终着地但要有点虚悬的意思（不是真正离开地面）。腿稍弯曲，膝盖不超过足尖，把体重放在脚掌的前三分之一（涌泉穴）处。

头直目正，虚领顶劲，下颌微含。身躯挺拔，腰脊骨垂直向下，头顶百会、会阴和两脚涌泉连线的中点成一线。

双手在胸前持抱球，高不过眉、低不过脐；两手还可左右调整位置，只要左手不放到鼻子右边，右手不放到鼻子左边就可以。两手要求掌心内凹，十个手指张开后，里面的关节往里夹，外面的关节往外顶，虎口圆撑，腕关节微外撑。

两肩膀撑开，沉肩坠肘，腋半虚。十个手指之间要如同各夹一根香烟，不能让它掉下来。双手如同抱着篮球。胯微下坐，臀部慢慢地往后靠，如同坐一个高凳，似坐非坐，以保证小腹松圆。

自然呼吸，内外放松。为了调整精神可以默想自己最舒服的状态，可以想想去过的名山大川，秀美山河，壮丽景色。也可以意守身外一物，静听虫叫鸟鸣。还可以意想身体内外按照一定顺序放松。

既然是养生桩，一切都以舒适自然为原则。

二、站桩时腿的高低程度怎样算合适?

关于站桩时腿的高度没有统一的标准，在保持上体姿势不变的前提下，稍微屈膝有前顶之意，大小腿之间有上提下拉之意即可。形不出尖，力不破体。

于永年老师曾以高度和时间长度作为站桩运动量的标准，高度太高，刺激太小，运动量就不够，需要增加时间长度来达到一次站桩的运动量。

姿势过低，不能坚持一定时间，也达不到锻炼的效果，而且姿势过低，会出现局部紧张而破坏自然放松和圆融状态。

合适的高度，应该是有一定的运动量但还能坚持一定时间保持“独立不改”的站桩姿势，这需要站桩者自己在站桩实践中逐渐摸索。

三、站桩时的身体重心应该在什么部位?

站桩的不同阶段对重心的要求不一样，初级阶段时可以将重心放在脚掌涌泉穴部位，重心前移比较利于身体放松，还更能体会上提下踩的感觉。

进一步练习还要对身体各部位有劲力方面的要求，站桩者的身体后靠，头部顶悬，使人体脊柱得以充分的挺拔，身体内部避免了挤压，内脏、膈膜得以放松，人体的整体气血活动通畅，气血得以温养，气力得以增长，但身体的后靠以身体放松为前提，保持一种均衡的状态，而不是单纯的向后倒。

四、站桩时为什么头向上顶？

站桩时顶头、竖项和松腰坐胯是身体要求的两个方面，头顶百会上提，好像一根绳子把人从天空吊着，尾闾往下垂，一个脊柱两头抻，目的是把脊柱拉开，气血通行无碍。头顶为诸阳之首，头一顶，则气血流行百脉调动。

头向上顶还有一个目的就是提起精神，所谓头居一身之首，头向上顶则一身无迟重之虞。观察动物在决斗的时候，都是昂首向前，统领全身，人在发怒的时候，也会不自觉地把头顶起来。

顶头时以意识为主，稍稍向上领起，颈项不要太过僵硬用力。

五、站桩时为什么要闭嘴？

练习站桩功是用自然呼吸，即呼吸听其自然，因呼吸本是人的生理本能，自然呼吸本来就能适合人的生理需要。一刻意追求，反而违反了生理本能，往往有害无益。练功时口微闭，用鼻吸鼻呼。

练习者不应注意口鼻的呼吸，更不应故意长呼吸或闭气。练功既久，自然会形成腹式呼吸。这种呼吸并不等于平时的呼吸，是在自然呼吸的基础上逐步达到匀细深长。最好的境界是完全忘记了口鼻的呼吸，似乎已经不会呼吸，实际上呼吸是在非常自然地进行，而意念中周身毛孔都已张开放大，所有毛孔都在呼吸。这种境界非常舒适，但不可强求，功夫精纯自可达到。总之呼吸必须自然，不可人为地追求任何情况。

恭、慎、意、切、和，一切皆自然！

六、站桩时需要闭上眼睛吗?

站桩时闭眼有闭眼的练法，睁眼有睁眼的练法。分述如下。

闭眼的练法：人们常说“闭目养神”，站桩时闭上眼睛也是一种“养”。开始是目视前方，然后是目光回收。目光回收的同时，神气也跟着收回，是神气和目光一起收回，将目光回收后，眼睛自然微闭。神气内收后，可以将注意力收回至身上某一部位。

睁着眼睛的练法：目视前方，指眼睛平视前方。如果视野开阔，就看天地交合处；如果视野不开阔，就透过视障看远方，是以想带看。目视前方是用眼睛看，也是用意识看。如果有条件可以在山顶或海边练站桩，极目远眺，效果更好。单独练习的时候可以延长目视前方的时间。认真练习目光回收不但可以凝神聚气，还可以调整眼睛的功能，对近视、白内障等有一定的治疗作用。

七、站桩时为什么上体要正直?

站桩时上体正直是一个比较宽泛的说法，还有一个比较专业的说法就是“中正”。中即是适度，正就是端正，中正就是身架保持端正、重心恰当，人保持在一个舒服的位置。而要达到这个结果，身体不能前俯后仰，左右歪斜，只要身体正直，则五脏六腑就会各安其位，各司其职。

细数起来，上体（脊柱）的各个部分在正直的前提下还有不同的要求，需要练习者细心体会。正常成人的脊柱在前后方向上有四个生理弯曲促进新陈代谢，颈部凸向前叫颈曲；胸部凸向后叫胸曲；腰部凸向前叫腰曲；骶部凸向后叫骶曲。这种生理弯曲是与人类直立生活相适应的。包括站桩在内的各种体育运动必须顺应脊柱的正常生理机制，其中很重要的一条就是立身中正，同时上下拉开。

中正是站桩练习的重要原则，如果站桩过程中觉得不舒服，如膝盖痛、眉头重、呼吸不顺畅、脊背痛等现象，就可能是违反了中正原则。

八、站桩时为什么沉肩垂肘？

站桩时沉肩垂肘主要有两个作用：其一是沉肩时便于形成与头部的对拉，便于头部上顶起来。其二是沉肩和垂肘相联，两臂环抱时有意识地沉肩垂肘，可以使两臂达到自然状态下外撑有力的最适宜角度。

九、站桩时为什么含胸拔背？

含胸是胸部中正自然，不凹不凸；拔背是当胸略内含时，背部肌肉往下松沉。含胸拔背与其说是要领，不如说是符合要领后的结果或感觉，不同的人练有不同的体会。

虽然我们逐个部位在谈，但在站桩时，各项要求或感觉是相辅相成的一个整体，直接找含胸拔背的感觉其实很难找，可以说含胸拔背只是“果”，从操作角度看，“虚领顶劲”“沉肩坠肘”是因，做到了这两点，含胸拔背自然就出来了。如果非要打个比方的话，用扁担挑水有些与此类似。肩头挑起一定是向上的，两桶水一定是向下的。在站桩姿势中，两肩膀向下，似两桶水，脊柱向上，身体正直，胸大肌是放松的，胸部感觉是松的、甚至是空的。这很难算是一个精确的标准，只能说是一种模糊的感觉。

保持这种感觉，开始练习身体肩背肌肉酸痛是正常的，但感觉到憋气，那就是姿势错了。总之，没有人可以第一次学习就能练得全对，好多人是自己从桩功锻炼中慢慢调整身体，找感觉，从错逐步到对。原则就是身体正了、松了、沉了、顺了、自然了，就是对的。

含胸拔背的目的，就是使背部有一个向外的圆形，练出手臂的松沉劲后，会感觉手臂的外部和背部合起来有一个向外撑的圈。

十、站桩时为什么要虚胸实腹?

站桩时虚胸实腹或进一步叫空胸实腹，是和提心吊胆相反的一种生理状态，是一种良好生命状态的基础。

人的疾病多由紧张而来，身体紧张由精神紧张引起，最明显的体现就是胸部紧张，俗话说“紧张得透不过气来”，这不仅是一句俗话，而是胸部紧张真实的表达。

虚胸实腹在扩大肺的通气量的同时还有稳定重心的意义。

十一、站桩时为什么要敛臀?

敛臀和松腰相配合，区别于撅臀，臀部稍向内收，和提肛的感觉差不多，有时将敛臀提肛当作一个要领来提。围绕脊柱上下做的所有文章，目的只有一个，就是将脊柱拉伸竖直成为一个整体。所以在敛臀的同时，还要注意和虚领顶劲、沉肩坠肘、含胸拔背等要领相配合。

十二、站桩时为什么要圆裆？

人体下肢两股内侧，经过腹股沟及会阴部的联结，叫作裆部。裆部居于全身上下分界处，是一处重要关口。圆裆就是胯骨根处横向相撑，这就好比拱桥的最高处的那块石头，一定要向两边吃住力。裆部由于其位置的特殊，一般没法示范，用力比较细微，不宜被外人察觉。但开胯圆裆就可以承接较大的外力和巩固自身的架势，许多武术动作都要求胯下有桥。故圆裆也是站桩承接上下的关键，练习者可以于此处慢慢体会，将无意练成有意，再将有意练成无意。

十三、站桩时为什么膝盖不能超过脚尖？

站桩有个总原则，就是形不出尖，力不破体。膝关节在全身中起着承上启下的作用，站桩时膝盖超出脚尖会过分抻拉髌腱，增加膝关节的负担，同时也会影响身体上下力量的贯穿，容易把步子站“死”，可谓得不偿失。膝关节的角度定在150° ~180° 之间比较适宜。

十四、站桩时为什么脚趾微抓地？

脚趾微抓地是站桩时全身争力的一部分，脚趾抓地和足心空涵形成一处细微的争力。脚趾抓地还可以和膝部、髋部，甚至颈部形成不同的争力。此处极细微，但确是形成桩体成为有弹性的球体的基础，也是日后整体发力的关键。

十五、初学和练习站桩为何要怀恭敬之心？

初学站桩，乃至站桩多年都要怀有恭敬之心。这样做的目的很简单，就是能够帮助练习者更好的进步提高。

中国国学经典《大学》中对于国学修行有了非常明确的规定，所谓“格物、致知、正心、诚意、修身、齐家、治国、平天下”。恭敬之心就是正心、诚意，这也是个态度的问题。

俗话说“态度决定一切”，对于站桩这项宝贵的文化遗产，中华瑰宝，武林绝学，如果有机会接触和修习，当视为人生重大机缘，当然应该坚信笃行。

心怀恭敬方能遇疑难处耐心体悟，遇艰难时坚持信念，善始善终，也只有如此，才可能学有所成，练有所得。

于永年老师家中挂有“独立不改”四字，每每想到在于老师家中站桩，我都心怀感念，心怀恭敬。

十六、站桩时为什么要心平气和？

站桩时怀恭敬之心是一种态度，而心平气和是一种状态。

只有在心气平和的状态下才可以细细体会站桩时身体的各种变化；只有心平气和才可能放松自己的心志，让日间的各种烦躁嘈杂遁去，才可能与天地精神往来；只有心平气和才能把握阴阳，细致入微地调整身体的每一处肌肉关节。所以，心平气和从操作层面来讲是一种基本态。

心平气和是一种修为，心平气和是一种境界。心外无物，闲看庭前花开花落；去留无意，漫随天外云卷云舒。在滚滚红尘中保持一份宁静和淡然。

十七、站桩时为什么要精神集中？

《黄帝内经》关于站桩的经典语录中有一句是“独立守神”，说的也就是关于精神集中的问题。形意拳和意拳中都有一个“意”字，都非常强调神意训练在拳学中的作用。

意拳理论中有“精神真、意念紧、动作松、心地狠”的原则，所谓“只要神意真，莫求形骸似”。在站桩过程中注重神、意的训练，而精神集中是神意训练的前提。

关于精神对身体能够产生什么样的作用是一个古老的话题，站桩就是能够将这一点发挥到极致，人类在这一领域可以发现自身有多么大的潜力。

站桩时的精神状态如果设定为大敌当前，危险一触即发，或者虎狼袭来，命悬一线，稍有差池便万劫不复，人怎能不精神集中，这种精神状态经过长期的训练培养成为习惯，会使人形成一种特殊的气质。

十八、站桩时的意念是怎么回事?

意识是人的大脑对客观世界的反映，是感觉、思维等各种心理活动过程的总和。站桩时的意念就是练习站桩时的有意识的思想活动。站桩的意念活动总的来说有两类：一类为阴，一类为阳。凡是抑制性的，都属阴，凡是兴奋性的，就属阳。

站桩初期用抑制性的放松活动进行练习，目的是使大脑皮质较快进入抑制状态，对人的神经系统有一定的调节作用。所以站桩开始时要尽量避免紧张的、兴奋的或负面的情绪，以放松为主。

经过初期的放松练习之后，可以进行假想活动，是自我诱导大脑皮质迅速进入内抑制的方法。它具有镇静、集中思想的作用。站桩时常用的听远、踩棉等就属这类。

继而进行兴奋性的精神假借和配合肌肉的紧松运动，这类意念活动是提高武术功夫的阶段。要精神集中，操作细致，力求真实。

十九、站桩时的意念有多少种？

站桩时的意念总的来说分为两大类，一类是基于养生的目的，让身体舒适放松的意念。一类是基于技击的目的，让身体处于有感即应、一触即发的状态。至于具体操作时的意念则是因人而异，数不胜数。

二十、不用意念，也不配合呼吸，只是站姿势可以吗？

实践证明，很多初学者在初学练功时，在站桩过程中，不用意念，也不配合呼吸，就像王芗斋先生说的“傻站”，也同样可以收到很好的效果。《黄帝内经》第一篇《上古天真论》中有这样一段话“恬淡虚无，真气从之，精神内守，病安从来”。恬就是内无所营，淡就是外无所逐。也就是说，不用意念，也不配合呼吸，没有心理负担，恰恰达到了这种状态。如果能够经常不断地保持无思无虑，使神不外溢，久之就自然会精气充满，内部充实，精气充满以后，则必然使身体健壮。

二十一、站桩时怎样和意识、动作相结合？

在站桩的入门阶段，意识主要是调整身体各个部位姿势是否到位，检查松紧是否适度，这一阶段都用“似是而非”的态度来对待。此阶段意识以放松为主，动作以自然舒适为原则。

接下来，可以在形体不大动的情况下，训练意识及意识对身体的控制。站桩形体不是不动，是不大动，随时都在意识的控制下对身体进行合理性的微调。可以尝试身体的“紧松”练习，对此，于永年老师讲得很清楚，是“紧松运动”，而非“松紧运动”，就是先练紧，紧而后松。

练习的方法是先从一个部位练起，如小腿，先练小腿肌肉收紧，紧到极致，然后放松。松而再紧，紧而再松，如此反复练习。当一部位紧松已能熟练控制，连接下一部位，如大小腿连接起来再进行“紧松”的练习，人体的六百多块肌肉按照不同部位进行串联练习。这是一个几乎可以无限细化、分化和深化的练习过程。

当身体练习能够达到有感即应，一触即发的程度时，可以开始进行精神假借练习，想象危险一触即发，而你在瞬间做出反应。

二十二、站桩时的呼吸方法有多少种？

站桩时的呼吸方法有自然呼吸、腹式呼吸两种。腹式呼吸还可以分为顺腹式呼吸和逆腹式呼吸。

呼吸是生命的重要指征，人们无时无刻都缺少不了呼吸，但许多人并未注意到自己的呼吸方法是否正确。其典型表现为：呼吸太短促——往往在吸入的新鲜空气尚未深入肺叶下端时，便匆匆地呼气了。白领人士，因为坐姿的局促和固定，只采用通过肋间肌和肋骨运动的胸式呼吸，而且这样的胸式呼吸受制于伏案工作，每次的换气量非常小，正常呼吸频率下，通气不足，使体内的二氧化碳累积；加上长时间用脑工作，机体的耗氧量很大，更容易导致脑部缺氧，出现头晕、乏力、嗜睡等办公室综合征。现在很多办公环境的通风条件都比较差，人员密度大，如果长时间处于这样的工作状态，随着呼吸效率的减低，呼吸器官的功能也会衰退，全身组织器官随之产生退行性改变，易引发动脉硬化、高血压、冠心病、充血性心力衰竭、大脑供血不足等多种疾病。短期内是办公室综合征，长期看来就是各种慢性疾病了。

改进的方法还是有的。不论是否改变工作环境，也要改变呼吸方法。尽最大努力，改变不利于肺通气的胸式呼吸。呼吸时，应该心平气和，才能有较充足的氧气进入肺的深部进行气体交换。平常呼吸我们只用了不到一半的肺功能，大部分肺泡都处于闲置状态。

站着呼吸就比坐着效率高，站桩时要求呼吸自然，逐步达到若有若无、呼吸深长的地步，不必强求，用姿势来配合呼吸。如果刻意调整容易出问题，忘记呼吸是最好的。

二十三、站桩时的呼吸有什么规律性的要求?

俗话说“人活一口气”，呼吸的质量决定了生命的质量。呼吸尽管非常重要，但我们平时没有人会刻意在乎呼吸，因为呼吸完全是一个自然的过程，呼吸系统受双重神经支配，有自主神经，也有植物神经，我们在睡觉时呼吸系统依旧照常工作就是这个道理。

站桩时呼吸的要求就是不要管呼吸，通过站桩时身体放松调整，胸部放松，腹部放松，呼吸自然会变得细、匀、深、长。

二十四、站桩时怎样体验呼吸?

站桩时可以通过听息和数息等方式来体验呼吸的深度和节奏。另外，双手抬起的高度和胸腹部放松程度决定了站桩呼吸的深度，双手抬高在上方减轻了上臂对于胸廓的压迫，腹部放松则进一步在下方拉开了胸腔的空间，上下同时作用，像一个折叠的灯笼打开来一样，也和手风琴拉开是一个道理。此时会感到比较舒服，可很多人不知道为什么舒服，其实就是呼吸更加通畅了。

二十五、站桩时怎样用顺式呼吸法？

正常人都是胸腹混合呼吸，以胸部呼吸为主，腹部呼吸为辅。站桩锻炼一个阶段后，腹部呼吸的比例提高，呼吸会变得深长，如果不是刻意为之，都是顺腹式呼吸。

顺腹式呼吸吸气时，横膈肌随之收缩，膈顶部下降，并使腹壁隆起，使胸腔容积变大，肺压小于大气压，吸入气体；呼气时，横膈肌随之舒张，膈顶部上升，使胸腔容积变小。偏向腹式的呼吸，相对吸气更足，对身体有益，但不要强求。

二十六、站桩时怎样用逆式呼吸法？

逆腹式呼吸是指吸气时腹部自然内收，呼气时小腹自然外鼓。逆腹式呼吸，生理学上称为变容呼吸。吸气时腹肌收缩，腹壁回缩或稍内凹，横膈肌随之收缩下降，使腹腔容积变小；呼气时腹肌放松，腹壁隆起，横膈肌上升还原，使腹腔容积变大。

正常人都是顺腹式呼吸，只有在使力气的时候才是逆腹式呼吸。所以在站桩时可以在练习紧松运动时尝试体验用逆腹式呼吸。

二十七、站桩时可以深呼吸吗？

如果感到需要深呼吸，就深呼吸！因为身体需要通过这次深呼吸进行呼吸节奏的调整，这是一个自然的反射过程，顺其自然就好。但不要连续地深呼吸。关于呼吸，还是那个原则，一切顺其自然，最好忘了呼吸这件事。

二十八、怎么体会站桩时的“松”与“紧”？

松与紧是站桩过程中最重要的一对矛盾，也是站桩能出功夫的秘径。

松紧从大的方面说包括精神方面和肢体方面，简单的用“意”和“形”来表示。

首先要体会“意松形松”。站桩之初，首先是精神放松，然后身体保持放松，这是站桩初期的基本原则，通过“意松形也松”的入门练习，调整人体的各种“无意识紧张”，练得形体松和，精神舒展。通过这步练习，气血川流，脏腑舒适，呼吸深长，已经可以看到养生效果。

接下来可以体会“形松意紧”。保持身体各部位形态基本放松这个前提，意识用“精神假借”的方式，假想危险一触即发，这种危险就好像真的要发生了。意念活动不在多少而在是否真实、真切，这样的练习久了，可以调动出人体内在潜能。

“形松形紧”，这部分可以单独拿来练习，确切的说，“形”是可以细分的，这是站桩入门后提高深化的不二法门。

大而言之，人体以腰为界分上下，可以先练上松下紧，在王芗斋著《意拳拳谱与八法训练之法则》中提到“上柔下刚”，“上软下硬”，“上松下紧”，“不论站什么式，用什么步，上身要柔软松灵，下身要刚硬紧实”，并且实言相告“这是意拳的诀窍之所在”，这就是站桩功真正的“乾坤”大法。

再说破此事，腰以上取“乾”之意，取“天”之象；所谓天空，在身则是松的。腰以下取“坤”之意，取“地”之象，在身是紧的。

继续深入下去，则身体的每个局部都可以再细化，做局部的紧松运动。先紧后松，松而又紧，就像大海波涛，永无休止，如此才可称作“不动之动，乃是生生不已”。

二十九、怎么体会站桩时的“静”与“动”？

站桩时静是相对的、暂时的，动是绝对的，永恒的。站桩的过程是静中有动、动中有静，动静不断细化的过程。

从肢体上看，站桩时身体各个部位都处于一种“似是而非”的状态。脚趾好像要踩蚂蚁，但又不要踩死；两腿又拉又夹，似直非直，似曲非曲；臀部似坐高凳，但要似坐非坐；后腰似靠非靠；双手似抱非抱。凡此等等不一而述。所以总体上看站桩是不动，却是更复杂、更精细的整体的动，看似是“静”，却是“静中犹动”。

详细讨论则又会发现，为了维持姿势的不动，就有部分肌肉“紧”，部分肌肉“松”，松了就再紧些，紧了就再松些，而松紧之间就如《大成拳论》所说的“大动不如小动，小动不如不动，不动之动乃是生生不已之动”。在这一过程中，动的幅度越来越小，越来越细微，是所谓“动中犹静”。

静的状态，可以舒缓人在生活中的“无意识紧张”，是一种很好的精神陶冶。在站桩时可以自己加以良性的心理暗示以引导入静，意拳站桩有“敛神听微雨”的说法，敛神听鸟鸣也是可以的。练习者可以根据自己所处的环境，加以各种精神假借，只要能达到帮助放松入静就好，如默想西湖十景、空山鸟语、大漠落日、宇宙苍穹等等。

三十、是不是站桩的时间越长越好？初学站桩每次站多长时间合适？

站桩时间因人而异，因个人不同阶段而异，所以不能笼统地说越长越好。如果姿势和要领出现偏差，站久反而有害。对此，王芗斋在《意拳论》中提过“每日之中持桩以一小时至一个半小时为宜”。至于这一个半小时是一次站完，还是分两到三次，文中没有提及，但可以判定一次站桩达一个半小时可以作为上限的标准，也有为了提高功夫而站更久的，总之以身体舒适得力，第二天疲劳可以恢复为大致的标准。因为每个人的个体差异实在是太大了。

对于初学者而言，站桩时间不宜太久，以身体能够接受、动作不至变形为前提，一次可以从 5 分钟开始，采取微量递增原则，逐渐增加至 10 分钟，再到 15 分钟、20 分钟，如果姿势不变能坚持 30 分钟以上，恭喜您，您已经入门了。

三十一、练站桩的初期非常艰苦，怎样迫使自己延长每次练站桩的时间？

初学站桩时如果说一点也不艰苦，那是自欺欺人。但如果说只有苦，而没有丝毫乐趣甜蜜，那也是言不由衷。所谓“苦”，无非就是身体的酸、麻、胀、痛等种种不适的感觉，但天下事就是如此，付出和收获总是大致成一个正比例关系。没有一定的负荷，就没有运动量，而没有一定的运动量就没有运动后的那种舒适感。

孟子云：“天将降大任于斯人也，必先苦其心志，劳其筋骨，饿其体肤，空乏其身，行拂乱其所为，所以动心忍性，增益其所不能。”苦对人而言，是一种心志的历练与灵魂的洗练，它能够成就一个人卓绝不凡的操守与坚韧不拔的意志，从而堪以担当大任。因此，人生的苦境并非坏事，看我们如何用心面对。只要学会放下、承担与超脱，必能离苦得乐。

站桩时的种种艰苦，只有经过的人才知道。这种苦很难用语言来表达，但站桩后的甜，也非站桩有成就者才能体会。不是有句老话叫“不是一番彻骨寒，哪得梅花扑鼻香”吗？执意要把苦境当作真苦，那么将为苦所束缚。反之，若不以苦为苦，而当作是一种超脱的转机，则苦将转而不苦。

有一种说法，养成一种习惯需要 21 天。在最初的时间里，坚持就是最大的成绩。站桩功虽然被人熟知，但真正坚持下来并有体悟者可以说是百里无一。原因是多方面的，而不能度过最初的 21 天是最常见的。

选择站桩者首先要坚信站桩这件事是获得身心健康和习得真功大的上乘法门，从而矢志不移；在操作层面上，可以采取微量递增的原则，从每次站 5 分钟开始，逐渐增加一点时间，30 分钟是一个坎儿，过了 30 分钟巩固一个阶段，自然习之甜蜜，欲罢不能。

第二节 初学养生桩的感觉问答

一、站桩时身体为什么会有多种不同的感觉？

站桩的不同阶段会出现各种不同的感觉，这是站桩过程中人体生理自我调节的体现。

最多出现的是局部的酸胀、麻木、甚至疼痛，这是因为身体还没有完全适应站桩的要求，局部肌肉松紧调节还没有达到适宜状态，许多肌肉还没有学会放松，换一种说法就是放松的程度还不够，有部分毛细血管阻塞，从而出现上述各种情况，这一过程是站桩初期必须要经历的阶段。对于这些情况的出现，可以适当调节一下练习的强度和姿势，但是这一关是必须要过的，有时咬紧牙关坚持过去，身体会慢慢的自我调节，酸胀、麻木、疼痛现象就会渐渐消失。

站桩时还会出现身体发冷、发热、颤动等现象，发热比发冷要好，是气血充盈的表现，发冷是身体有寒气在排出，也是好事，同时也要注意站桩时要避风、避寒，脚下要暖。

身体出现颤动是气血打通阻塞经络的现象。

有人站桩时还会出现肌肉发紧，皮肤好像变厚的感觉，这是身体筋膜在发生变化。此外还会有轻重感、失重感、蚁行感等等。

总之，只要站桩得法，坚持下去，在各个阶段都会出现不同的身体感受，对于这些感受既不去追求也不要置之不理，仔细体会，慢慢调整。

站桩最后要达到“四如”境界，即“体整如铸”“肌肉如一”“身如灌铅”“毛发如戟”，这些层次比较高，需要多年练习才会有所体悟。

二、站桩时是全身放松还是只上半身放松?

全身放松是站桩入门阶段的原则，放松就是不用多余的力。由于下肢承担体重的关系，总有一部分肌肉是用力的，是紧的。关于松紧的尺度就是松而不懈、紧而不僵。

王芗斋先生传站桩功对于上下肢放松的问题有专门的叙述，那就是上柔下刚，上软下硬，上松下紧，上虚下实。并说不论站什么式，用什么步，上身要柔软松灵，下身要刚硬紧实。

三、练站桩就是打通小周天吗?

大小周天是中国传统气功“内丹术”中的功法。所谓小周天，是当内气在丹田发动后，丹田部位一般会产生热气流的感觉，用意默默地想着它、随着它，这股热流的感觉就会从丹田部位往下伸至会阴穴，再向后流经尾闾穴，循督脉向上，经夹脊、玉枕到百会穴。然后行至下丹田，如此循任督经络之周天循环，就是小周天功法。大周天是在小周天的基础上，先通过炼精化气，打通任督，当内气在丹田发动后，丹田部位会产生一股热气流的感觉，然后这股热气流经奇经八脉、十二经脉流经全身，按气机升降开合的规律在全身循环运行，这叫大周天功法。

由于气功练习功法复杂，而且练习过程容易产生偏差，所以一直只在少数人中传承。还有一种观点认为，人从降生开始，任督二脉、大小周天就是通的，后天的锻炼不过是强化经络的功能。从这种观点来看，站桩时身体的各种反应就是大小周天畅通的体现。而且，站桩时不讲守穴、不讲周天循环，反而不会出现偏差，简单直接，更利于气血循环，提升健康质量。

四、站桩时既要入静又要有意念是怎么回事?

中国人在心理训练方面达到的成就，集中体现在气功锻炼方面。入静是指在站桩锻炼过程中，在思想安静、意念集中的基础上出现的意念专一、轻松舒达、阴阳平衡、经络畅通的状态。入静是在有意识的锻炼中、在无意识的情况下形成的。

入静既不同于一般的清醒状态，亦不同于入睡。不是万念俱息，寂然无物；更不可能是没有意念。因为它还保持着练功的意念。对练功者来说，如果在练功过程中，练功的意念都没有了，那就是睡着了。

五、为什么大多数初学站桩者站三两分钟两腿就感到酸疼难以支撑?

对于初学者来说，站桩能坚持几分钟也算是一种“极限”运动了，因为有些人肌肉酸痛感觉的临界点比较低。同时这也和每人的身体状况、练习程度、练习方法相关。

有人从未站过桩，肌肉力量比较差，站一会儿就感到比较辛苦；还有人蹲的姿势比较低，身体还不适应；还有人重心位置比较靠后，两腿会比较吃力；还有人可能以前受过伤，或者比较疲劳等。

总之，初学站桩者站上三两分钟两腿就感到酸疼难以支撑是一件正常的事情，如果实在难以坚持就稍微调整一下，放松放松，然后再站。这个阶段是大多数人都要经历的，可以听之任之，身体也会逐渐适应。此时要继续坚持，切不可知难而退。

六、初学站桩时两腿打颤怎么回事?

初学站桩时两腿打颤是一种常见现象，是气机发动，气血运行，冲击经络阻塞部位引发的震颤现象。另外运动量掌握不合适，贪功冒进，肌肉疲劳也可能出现这种现象。

出现两腿打颤的情况不必太在意，可以适当调整一下姿势，放松放松，也可以听之任之，或者拍打一下颤抖的部位。

七、站桩时双肩酸痛如何解决？

初习站桩功时，由于间架结构没有达到沉肩、坠肘的要求，或超过自己能承受的站桩时间极限时，出现肩部酸痛现象是必然的，出现了也不要硬撑着，那样肩部就会僵了，可以微微活动活动肩臂，放松一下，实在坚持不住也可以放下手臂休息休息，再抱起来接着站。哪里僵紧了就微微调整哪里，不要死站着一动不动，站桩时肢体实际上随时都在微微的调整中。

如果过去肩部有伤或劳损，也可能会出现肩酸、痛现象。超过自己站桩的极限时间或过早地站手位较高的桩式，也会出现肩痛。也有的是因为每天站桩次数过多或两次站桩中间相隔时间太近所致。练桩功的选式也很重要，多数人出现肩部酸痛是因为开始学桩功时没选低位桩，直接选高位桩练，缺少功法正确过渡的过程。也有人是属于体弱多病，年龄过大，初练时没有在卧桩、坐桩的功法中调理好身体，过早选练站桩式造成。

八、站桩站起来之后眼前发黑、四肢抖动，过一会儿才能恢复，是怎么回事？

可能是之前血压有点问题，没有休息好，站桩的强度又比较大，可能就会出现这种情况。建议去医院查查心血管方面有什么问题没有，如果是练习方法的问题，下次练习可以降低一点强度和时间，感觉不适就及时休息。本着循序渐进、舒适自然的原则，以养为主，以练为辅。

九、有的人站桩之后头感到张痛如何解决?

站桩之后头痛的原因大多是因为顶头悬意念过重，可以意念下行，勿助勿念，意守一下脚心。

还有一种可能是外界干扰比较大，干扰破坏了站桩时的意念，而自己又硬要坚持，导致气血上行而引起头痛。如果感到头痛就暂时收功，做一些放松的导引动作，放松身体，同时也放松心情，仅仅是散步也可以起到缓解的作用。

十、站桩后手掌有发胀的感觉对吗?

手掌是我们身体神经最丰富的部位之一，是手三阴经和手三阳经汇集之处，手部集中了与体内所有器官均有关系的穴位。手掌联结着人体的前部、手背联结着人体的后部各种器官，因此身体内部有无异常都可由经、穴传递给手的各部位。

手掌发胀、手掌增厚的感觉是意到气到、气到血行现象的表征，是站桩时出现的正常生理现象。

对于手掌出现的感觉，既不要追求，也不必紧张，顺其自然，保持放松就好了。

十一、站桩之后一条腿感到舒服，另一条腿膝盖痛并感到不适，是怎么回事?

可能是一条腿本来有旧伤，练习过程中肌肉紧张刺激了受伤部位的病灶引起了疼痛。

还有就是两条腿本身力量有差异，这种差异往往自己不知道，所以同样的站桩高度会引起两腿不同的反应。

再有就是站桩姿势有问题，姿势过低或重心位置太偏前或偏后，引起膝关节受力不均而引起不适。

十二、站桩时感到一腿紧一腿松是怎么回事？

这个问题和前一个问题有相似之处，同样的姿势两腿感受却不一样，这很可能是由于两腿力量不同所致。正常情况下每个人的左右腿力量应该都不会完全一样，没有受过专门训练的人蒙上眼走路都会走偏，训练时也可以采用三体式或矛盾桩，注意加强弱的一边的训练。

然后还是放松的问题，加强感到紧的那一边的放松；或微微调整重心位置，至感到舒适为止。

十三、练站桩之后双手小手指发凉是怎么回事？

人的双手是检验体内经络是否通畅、平衡和血液微循环是否正常的一个窗口，手指发凉是身体阴阳不平衡引起的。

周围环境偏阴冷，人体在这种环境下，热量散失严重，也有可能出现手脚冰凉的情况。还有一种情况就是练习者属于寒凉体质，常年手脚冰凉。这种情况多见于女性，需要综合调理。再有就是身体脏器出现虚寒症状，表现在经络所属穴位上。小指发凉可能是足太阳膀胱经发生了问题。

十四、站桩时腰背部逐渐发热，接着头上出汗的现象正常吗？

温热感是站桩最早发生的生理反应，腰背部逐渐发热，接着头上出汗属于正常现象。如果天气炎热，可能会出现汗水一滴接一滴往下滴的情况，就是所谓的把汗出透了，这种情况多出现在夏季，这时要注意在练习之后多补充水分，以免身体大汗引起缺水；冬季站桩要注意避风保暖，在站桩后要注意身体的自然恢复，半小时内暂时不要洗澡。

十五、为什么练习站桩的时候会出好多汗？

站桩出汗是气机发动的表现，是正常的，也可以说是好的现象。站桩出汗甚至超过打篮球和其他剧烈运动，是全身湿透那种出汗。这说明身体在进行调整，夏天出汗会更多，是因为站桩出汗和天气炎热两个因素叠加的结果。

站桩出汗应注意两个问题，一是在站桩前后适当补充一些水分，免得身体由于大量出汗而脱水，二是站桩时要避风，免得寒气侵入体内，这样反而得不偿失。

十六、有的人站一会儿桩就浑身酸痛并且心烦意乱，怎样才能身心放松？

真的非常难受难以放松，就暂时收功！身体的感受告诉你此时不适宜练功。做一些其他的身体导引活动，散散步、静坐、听听音乐等也是很好的放松方法。

如果还能够坚持，也有很多放松的方法。用一念代万念，万念归一。原则就是设想的自己感到放松或喜爱的事物或情景，总以轻松舒适、心旷神怡为目标。

在操作中可以用听息、数息方法帮助放松；可以用意念水浴的方法从上往下放松；可以用听远或听近的方法放松；可以想象自己踩在棉花上或晃动的船上；可以想象身体放大或缩小、变重或变轻等等。前人的方法可以借鉴，也可以自己创设情景。能够逐渐入境，就会慢慢入静。

这是一个很难很慢同时也是很高的一种修为。

十七、站桩时感到口水增多是怎么回事?

中国人造字很有意思，舌边有水就是“活”。唾液具有多种生理作用：可以湿润与溶解食物，使食物易于吞咽，并引起味觉；清洁和保护口腔，可清除口腔中的残存食物；当有害物质进入口腔时，唾液可冲淡、中和这些物质。唾液还有几十种人体不能缺少的酶，这些对肠胃和各个脏腑都有濡养和治病作用，能够消灭一些细菌病毒。可见口水对于人的重要。

站桩时感到口水增多是练功正确、身体机能旺盛的表现。具体来说，练功唾液分泌增多的现象出现在进入到入静状态时。入静状态的一个重要特点是交感神经的兴奋性降低，副交感神经的兴奋性增强，所以在没有食物出现和想到食物的情况下，仍然会出现口水增多的情况。

产生了唾液不要紧张，更不要吐掉，可以在口中像漱口一样来回多次，然后徐徐咽下。

十八、站桩时感到身体增厚是怎么回事?

这是练功到一定程度后会出现的一种现象，感觉身体增厚是“易筋”的一种表现。站桩本身是一种静中求动、动中取静、动静结合的锻炼方法。练功时要求摆好一个姿势，通过躯干四肢保持不动的过程，使肌肉静力性活动增强，从而形成一种持续不断的特殊的静力性紧张。这种紧张从肌肉发出冲动，传向中枢神经系统，然后相应的由中枢神经系统发出冲动，传向身体周围。这样内向冲动与外向冲动相结合而达到统一，肌肉活动增强，中枢神经系统也得到增强，在这一过程中组织筋膜本身会出现良性的变化。血液循环加快，组织液从毛细血管运行速度会加快，组织间隙压力增大，全身出现膨胀感，会感到身体好像增厚了。

十九、练站桩的时候什么样的感觉是气感?

“气”是身体内部精微物质转化的能量，也可看作是能让人处于活着状态的能量物质。“气感”是能量在体内运行时的身体感受。站桩时吸氧量增加，气血活动加强，人体内气血运行在不同部位、不同状态下引起的身体反应，身体会出现温暖、舒适等感觉。

气感的表现有“蚁行”感，这种感觉好像蚂蚁爬在人的皮肤上面，会觉得痒痒的；蠕动感；温热感，气使细胞活动力大大增加，使得体温稍为上升，而感到温热。这也是最常见的气感。

此外，还有清凉感、膨胀感、紧缩感、跳动感、沉重感等。出现气感说明练功有了一定成效，本着来者不拒、去者不留的原则，继续坚持，静观其变，顺其自然。

二十、站桩时要想着把气息贯通全身吗?

站桩时不用想着把气息贯通全身，因为站桩本身就是以意领形，以形炼气。保持姿势要领，气血自会周流全身，这属于不求自得。想着气息贯穿全身会引起意识紧张，反而达不到应有的效果，这属于求而不得。

二十一、练习站桩一段时间后，站桩时产生非常舒服的感觉对吗？

站桩到一定阶段后，由于大脑内抑制作用的增强，代谢、循环等一系列生理功能的改善，身体就会产生一种特别舒畅的感觉。练功时，如醉如痴，练功后，轻松愉快，欲罢不能。这种舒畅感随着功夫的加深会越来越显著。

第三节　初学养生桩的注意事项问答

一、一天中什么时间站桩比较合适？每天要练几次？

关于一天当中什么时间站桩有各种说法，传统有子时练功和午时练功的说法，还有比较多的说法是日出前后站桩比较合适。一日之计在于晨，看着太阳冉冉升起，此时生机萌动，身体活力复苏，最适宜进行各种身体运动。也有人认为晚上站桩比较好，因为晚上比较安静，没有外人和日间的各种打扰，容易入静。

在现代社会人们普遍比较忙碌的情况下就没有那么多的规定了，如果是上班族或学生，在紧张的工作学习中能抽出时间去站桩就不错了。所以关于这个问题的答案是随时有空随时站，不必拘于时间的问题，关键是站桩姿势和意念的正确以及每次有效锻炼时间的长短。

如果您是每天奔波在路上的上班族，在每天乘坐交通工具的时候顺便就把桩给站了。在等车的时候，在排各种队的时候，甚至在开会的时候都可以见缝插针地练坐桩。

如果可能，甚至可以把坐着办公改为站着办公，不是有人把电脑装在跑步机上办公吗，这就是所谓的锻炼生活化和工作化。当然，也不要因为站桩而影响了工作。

至于每天练几次，只要在舒适得力的情况下，多多益善，多练多得，少练少得，不练不得。如果每天在同一时间练习，身体可能会形成某种惯性，这样也可以提高站桩的效率。

二、站桩的时候可以考虑其他事情吗？

这要看站桩的目的和站桩的阶段，有许多人在站桩初期，难以坚持下去，为了转移站桩时的枯燥和艰辛，就用听收音机、看电视的方式来转移注意力，这是完全可以的。待过了这一时期，还是以“独立守神”为原则，直至不做任何“意念”，让其自然入静。诚如晋代孙绰先生在《喻道论》里说的：“耳绝淫声，口忘甘苦，意放休戚，心去于累，胸中抱一。”

如果在站桩时还要考虑其他事情，虽然也能练形，但达不到“守神”的效果。

三、在站桩的时候可以一边听广播、看电视或背外语吗？

关于这个问题，可以听到截然相反的意见，这个要取决于站桩的目的，站桩的阶段和生活状况。

许多初练站桩的朋友很难坚持下来，为了避免站桩初期的枯燥感和身体不适，适当转移一下注意力，往往采取一边听广播、看电视，一边站桩的方法。这种方法往往帮助初学者克服了最初坚持不下来的瓶颈，可以说是借舟渡河，过河弃舟。只要对站桩有帮助，也未尝不可。

出于提高功夫而不仅是养生的目的，在站桩时则还有许多精神假借和局部肌肉松紧调解的操作，细致处还要慢慢体悟，如果经常听广播、看电视，恐怕于功夫提高帮助不大。

至于站桩时背外语，看来是学生时间不够，既想练功，又要背书应付考试，这种事无可无不可。于练功肯定帮助不大，但本着站好姿势就能健身的基本原则，聊胜于不站吧。

四、很多书上写站桩的时间应控制在30分钟，为什么呢?

《难经》论脉中说："人一呼脉行三寸，一吸脉行三寸，呼吸定息，脉行六寸。人一日一夜，凡一万三千五百息，脉行五十度，周于身。"就是说，人体气血一昼夜要循行人体50次，按照一天24小时计，气血完全循行人体一周大约是0.48小时，大约28.8分钟。我们进行锻炼，一般最好是气血完整的循环周期，也就是说，每次锻炼，至少应该完成一个气血周期也就是28.8分钟，加上准备调整以便进入状态，一般锻炼要求不要少于30分钟。

五、站桩之后能马上进行剧烈的身体运动吗?

所谓剧烈运动也是因人而异的，运动量大小和身体的总耗氧量成正比，而总耗氧量和心率成正比，一般将每分钟心跳次数145以上，停止运动后心率30分钟恢复正常定义为大运动量。剧烈运动时，人的心跳加速，肌肉毛细血管扩张，血液流动加快，同时肌肉有节律性地收缩会挤压小静脉，促使血液很快流回心脏。剧烈运动后人体为保持体温的恒定，皮肤表面血管扩张，汗毛孔张大，排汗增多，以方便散热。剧烈运动后，人体代谢处于高水平状态。

站桩作为一项运动，虽然也是有一定强度，但身体并不适宜由静力性马上转为进行动力性的剧烈运动。可以先进行一些缓和的试力或体操等练习，经过必要的准备和过渡后再进行剧烈的身体运动。

六、练了站桩是否就可以不用练习其他的体育项目了？

从健身效果来看，站桩能够由内而外地平衡神经，调理五脏，强健筋骨，确实能达到甚至超过一般体育运动的健身效果。但是站桩不能取代其他体育项目，因为许多人参与体育锻炼已不仅仅是锻炼身体一个目的，还有在其他体育运动项目中获得刺激、惊喜、竞赛、宣泄、交际等其他社会功能的需要。

七、练习站桩之前一般应注意什么？

和其他体育项目锻炼一样，练习站桩之前，应排除大、小便；如果口渴可少喝点水；因为站桩时下肢的负担量较大，所以之前要做一些准备活动，可以简单做一下膝关节绕环和下蹲的动作。

练习站桩的过程中更应注意循序渐进，不可急于求成。每次练习的时间因人而异。一般身体较差的习练者可以从 5 分钟开始，身体较好的习练者可以从 10 分钟开始，随后逐渐延长。每天可练习 2～3 次。为了健身而练站桩的时间长短及次数多少，以有余力、有余兴、舒适得力、不过分疲劳为原则。

另外，还要注意饭前和饭后 1 小时不宜练站桩。学练站桩期间，如有吸烟和饮酒者，也应以适宜为度。

八、站桩时应该穿什么样的衣服和鞋子？

宽松和吸汗的衣服就好，最好不要戴着领带（以免阻碍颈部的血液循环）、穿皮鞋（夹脚）、勒着很紧的皮带扣。许多练功的人喜欢穿丝质宽松的衣服，因为丝质的衣物给人一种松垂感，加上柔软透气，特别适合练功。鞋子舒服、跟脚就行，有人喜欢穿布鞋站桩，感觉这样比较舒服，也有人在家里就穿着拖鞋站桩也无不可。总之，衣服和鞋等附着物要让练习者感到舒适并不受影响为度，达到最有利于身心放松入静的程度。

九、站桩后为什么要散步？

站桩时两腿处于静力性用力的状态，特别是低姿势站桩的时间达到 30 分钟以上的练习，腿部的肌肉和膝关节的负担较重，精神也会感到疲劳。因此站桩后一定要散步，这样利于血脉流通，对紧张的肌肉和精神都可起到调节作用。

十、站桩是自己一个人练好，还是几个人一起练好？

如果是初学者，有几个志同道合的人一起练习站桩，效果会比较好。首先大家在一起练习，会有一种激励的效应，没人愿意承认自己是意志最薄弱的人，所以在站桩时间上会比一个人要长，感觉也会相对轻松。

在几个人一起练习时，还可以以他人为镜，可以发现别人的错误，自己也可对照检查，及时和随时调整。

几个人一起站桩还有一个好处，就是每人的体会和感受是不一样的，大家一起随时沟通交流，这比一个人慢慢摸索效率要高。当然，站桩是一种向“内”求的功夫，主要的还是要站桩者本人坚信笃行，因为再多的伙伴也解决不了自身的松紧和深入细化的操作。

十一、练站桩时可以听音乐吗?

站桩的效果和站桩时间的长短是直接相关的。在学练初期，许多人站不下去的原因就是站桩单一姿势的枯燥和肌肉的酸痛，这是许多自学站桩的人不能坚持下来的重要原因。

用适当的音乐诱导可以转移注意力，以一念带万念。淡化站桩中身体出现的各种僵、痛、酸的反应，减轻长时间站桩带来的内心烦躁。在不知不觉之间就会度过最难坚持的那个时间段。所以站桩时可以听音乐。音乐曲目的选择上最好选择节奏舒缓、悠远动听的，不宜选择节拍太快的和喧闹的，音量也不宜太高。另外，还可以在站桩的同时收听小说、评书、戏曲、收音机节目等。

但是，经常练习站桩者会有这种体会，不管站桩时听什么，会经常出现“走神”的现象。也就是一瞬间不知道自己在听什么，这实际上也是一种身心放松的练功态。

十二、练站桩时可以看电视吗?

站桩看电视的道理和听音乐是一样的，只不过听音乐用的是耳朵，看电视用的是眼睛。古人们在没有电器的时代自然没有这个说法，但会注重和自然的感应。前辈们也有站桩时看字画、看鱼缸、窗外观景等方法。王芗斋先生曾说“执着己身一无是处，离开己身无物可求”。随着站桩的深入，意念诱导自会不断深入。

站桩时看电视也是初学入门时的辅助手段。若要提高自身功力，还可以选择对于站桩有帮助的节目，例如利于放松的风光片、情节紧张的功夫片等。

站桩时看电视时也会出现“走神”的现象，就是一瞬间不知道自己在看什么，道理同于听音乐。

十三、站桩能够自学吗？

对于想要健身的大众初学者而言，站桩只是健身方法之一，现在从书籍、视频或网络上都可以获得相关的站桩知识，是可以进行自学的。

但纸上、网上得来终觉浅，站桩此事必须要身体力行才是。现在网络资讯比之古代的习武者，那是太发达了。不管什么问题，从各种网站、论坛都可能找到参考答案。王芗斋先生在《养生站桩歌》中说：“养生桩，极容易，深追求，头万绪。”初学者，尤其是自学的初学者，可以设定好目标，按照“微量递增”原则，逐渐增加运动量。从站中体认每一过程、每一环节。

简而言之，学站桩的姿势容易，练难，长期坚持练习更难。

十四、自学站桩要注意什么？

自学任何一项体育、艺术等需要身体参与的运动，首先必须要明确学习目的。明确自己有什么问题？为什么要学练这个内容？自学站桩也是一样。如站桩的目的就是为了健身，因此首先就要树立坚定的健身信念，没有坚信笃行的态度和肯于吃苦的精神，这个桩是没法继续站下去的，因为站桩初期时的两腿和肩部肌肉不是一般的酸痛。

自学站桩时一定要注意由简及难，由浅入深，循序渐进。先从大的身体结构开始，不必面面俱到，刚开始，腿不用蹲的太低，手也不必抬得太高，一切以舒适得力为前提。

其次，在站桩过程中要发现问题，及时纠正。只要坚持站桩，在这一过程中，不论是姿势还是精神意识都会有各种反应和变化，这时要学习、思考、对照、体悟，要反复追问，不断精细，练习时间和强度也会逐渐增加。在当今资讯发达的现代社会，网络提供了非常便捷的平台，在站桩过程中遇到的各种问题都会有各种答案，这时需要根据自己的站桩实践和生活阅历、知识、经验来判断取舍，为自己的站桩找出科学合理的指导。

此外，除了坚持，就是坚持，还是坚持。毛主席说“胜利产生于再坚持一下的努力之中”，这句话可以作为站桩者的格言，尤其是刚入此道者。

十五、在家里练站桩需要提前和家人打招呼吗?

这件事要视家庭情况而定，如果家中人比较少，环境允许，练功时有独立的环境，能够避免干扰是比较理想的。

如果家中人口较多，又难以避免干扰时，练功者本人最好和家人提前讲清楚，避免在练功时被随时中断，特别是避免内心入静集中时，受到突然的干扰刺激。这样会感觉很不舒服。

站桩到一定程度时，会对外界的刺激比较敏感，突然的一个对身体的拍击或突然间的声响都可能会激发练功者做出本能的下意识反应，曾经有练功者把无意打扰他的人打伤的事例。

所以，如果长期在家里或外面人多之处练习站桩的话，最好提前向家人或身边的熟悉者打一下招呼。

十六、站桩对环境有要求吗？

面朝大海，背靠青山，四季花开，这样的环境当然最为理想，但这样的环境往往可遇而不可求。

古代的修佛修道者，往往隐居于名山大川，至少也是山间溪边等空气清新、风景优雅的地方，这样的环境对于引导自身入静，提升练功境界有着潜移默化的作用。

普通的站桩练习者能找到一个空气新鲜、环境相对安静的地方就可以了。如果是在室内练习站桩，要注意在空气质量好的时候经常开窗换气，保持室内空气流通。因为在室内练习站桩时的空气质量与健康息息相关。室内干净、整洁、幽雅对于站桩也有着积极的辅助作用。

第三章　配合站桩的易筋经五式

站桩能够凝神聚气，帮助松和肌肉。易筋经能够拉伸筋肉，促进气血周流全身。站桩相对于易筋经为静、为养；易筋经相对于站桩为动、为散。站桩和易筋经结合练习，对于需要健身养生的大众朋友来说，一阴一阳，一动一静，可以收到更好的锻炼效果。

如果我们不去追究易筋经复杂的历史渊源和曲折演变，仅以武术锻炼的角度来看，易筋经就是一种抻筋拔骨的身体练习，这种练习由于其方式的特殊和健身效果明显，一直以来被武术界人士视为瑰宝，由于过去武术家的保守，从不外传，有机缘按原法修炼者不多。近代由于武侠小说夸张的演绎，易筋经被蒙上了一层神秘的面纱，练过的人似乎都能成为手托城闸、力能举鼎的“绝世高手”。

易筋经的锻炼要领很简单，但方法巧妙。要领就是三个字——“达于极”，翻译成现代汉语，就是把每个动作都做到能做到的最大极限。这样做的目的就是练筋不练肉，进而易筋、易骨，甚至易髓。

易筋经五式动作图解

预备式：并步直立。

起式：抱拳礼（图 3–1）。

图 3–1

第一式　风摆杨柳

“风摆杨柳”是通过两臂配合腰的摆动和俯仰，使肩臂和腰部关节、大腿后部肌肉群得到充分的活动和拉伸，为下一步锻炼做好准备。

一、风摆杨柳右势

（一）身体左转，两臂分开平摆至体左侧，目视左前方（图 3–2）。

（二）稍停，身体右转，两臂平摆至体右侧，目视右前方（图 3–3）。

（三）此动不停，俯腰，右臂随身体向下经右腿外侧向前摆臂（图 3–4）。

图 3–2

图 3–3

图 3–4

（四）起身，右臂随身体向上摆臂（图 3–5）。

（五）右手高举，左手屈臂附于右臂内侧；眼随手动（图 3–6）。

图 3–5

图 3–6

（六）右臂先屈肘下落，再缓缓前推；目视前方（图 3–7、图 3–8）。

图 3–7

图 3–8

二、风摆杨柳左式

（一）此动左右对称，身体右转，两臂分开平摆至体右侧，目视右前方（图 3–9）。

（二）稍停，身体左转，两臂平摆至身体左侧；目视左前方（图 3–10）。

（三）此动不停，俯腰，左臂随身体向下经左腿外侧向前摆臂（图 3–11）。

（四）起身，左臂随身体向上摆臂；眼随手动（图 3–12）。

（五）左手高举，右手屈臂附于左臂内侧（图 3–13）。

（六）左臂先屈肘下落，再缓缓前推；目视前方（图 3–14、图 3–15）。

图 3–9

图 3–10

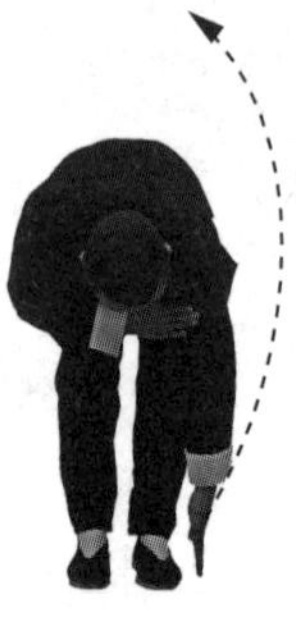

图 3–11

图 3–12

图 3–13

图 3–14

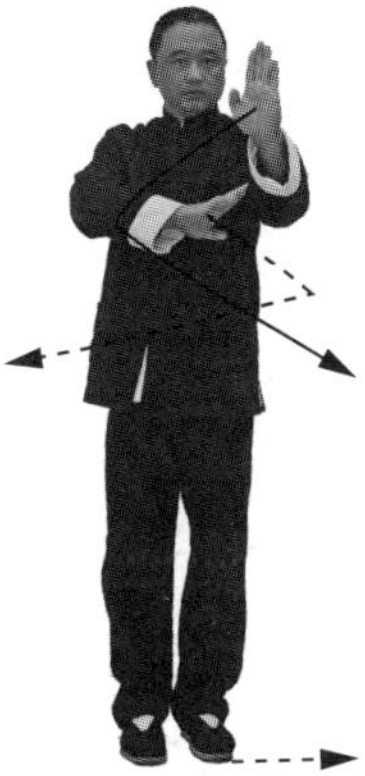

图 3–15

三、动作要点

整个动作以腰带臂，以臂领腰，充分伸展，在可能的范围内，尽可能做到最大幅度。

四、练习次数

在全套练习中，左右各做 1 次。单式练习时，此动可重复做 4 ~ 8 次。

第二式　掌托天门

“掌托天门”由脊柱拔伸和俯腰动作组成，动作对称，上下拉开，大开大合，气势澎湃。

一、动作过程

（一）右腿横跨一步，两臂交叉再左右分开摆至头上方，抬头挺胸，两臂尽量上举至最大幅度；目视前上方（图 3–16、图 3–17）。

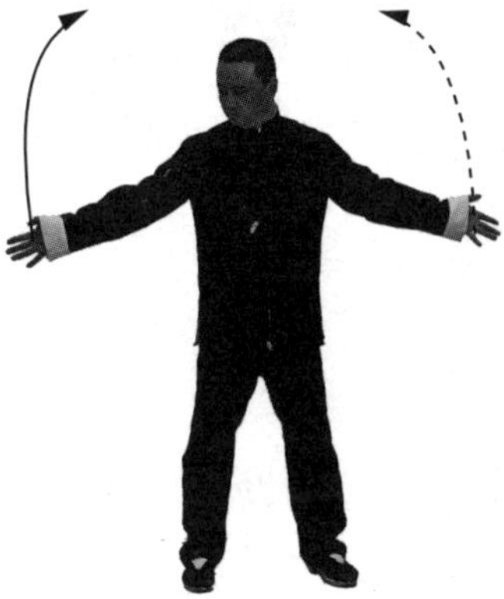

图 3–16

图 3–17

（二）稍停，前臂屈肘，两手经耳侧、腋下插掌，两掌从腰部沿大腿后侧下捋（图 3–18、图 3–19）。

（三）双手下捋至踝关节处转至两手向前探出，身体俯腰挺胸两臂前伸（图 3–20、图 3–21）。

（四）稍停，身体抬起，两臂再举到头上并尽力拔伸（图 3–22）。

图 3–18

图 3–19

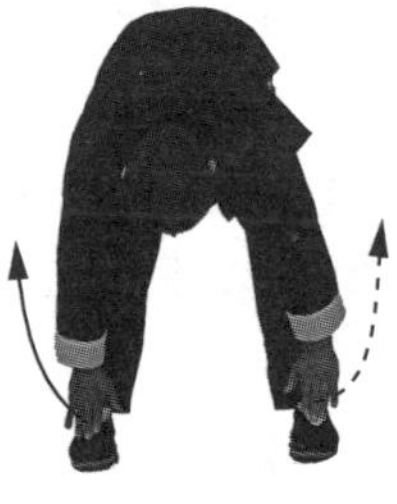
图 3–20

图 3–21

图 3–22

二、动作要点

向上伸展，动作尽可能伸展，抬头、挺胸、展腹。俯腰时腿部伸直，两臂尽可能前伸。

三、练习次数

在全套练习中做 1 次。单式练习时，此动可重复做 4 ~ 8 次。

第三式　倒拽九牛尾

“倒拽九牛尾”巧妙地利用身体一部分的固定和另一部分的拉伸，对肩关节和脊柱有充分拉伸和矫正作用。从屈蹲到直体展臂动作，有全身最大幅度的伸展，气血鼓荡，拉伸效果明显。

一、倒拽九牛尾右式

（一）右腿向左腿后方插步，两掌下落交叉于胸前（图 3–23）。

（二）不停，身体下蹲成歇步，右臂内旋向身体右侧伸出，掌心向上；左臂屈肘外旋，向左侧顶出；目视右臂方向；左右对拉，做到最大幅度（图 3–24）。

（三）稍停，右臂外旋一周至掌心向上，依次扣指成勾手（图 3–25）。

（四）右臂内旋使勾手向下，稍停（图 3–26）。

图 3-23

图 3-24

图 3-25

图 3-26

（五）保持左臂和身体其他各部位相对位置不动，右臂尽力上扳至耳侧（图 3-27）。

（六）稍停站起，左腿向左侧迈出成左弓步，左掌向左侧伸出；目视左前方（图 3-28）。

（七）左臂外旋上摆至耳侧，身体右转成马步，右臂平举，右手勾手不变（图 3–29）。

（八）左臂下落，上臂和前臂折叠，以肩为轴，向下、向后、向上、向前旋转一周，不停，左臂再向左伸出（图 3–30—图 3–32）。

图 3–27

图 3–28

图 3–29

图 3–30

图 3–31

图 3–32

（九）上动不停，身体站起右转，两臂同时举起伸直，两手成勾手，上下拔伸（图 3–33）。

（十）屈膝下蹲，低头含胸，两臂勾手前伸（图 3–34）。

图 3–33

图 3–34

（十一）身体从团身到站起，依次展开，做最大幅度的对拉（图 3–35—图 3–37）。

图 3–35

图 3–36

图 3–37

二、倒拽九牛尾左式

（一）右脚向右侧迈出成右弓步，右掌向右侧伸出，左手直臂成勾手；目视右前方（图 3–38）。

（二）不停，右臂外旋上摆至耳侧，身体左转成马步，左臂平举，左手勾手不变（图 3–39）。

图 3–38

图 3–39

（三）右臂下落，上臂和前臂折叠，以肩为轴，向下、向后、向上、向前旋转一周，不停，右臂再向右伸出（图3-40—图3-43）。

图 3-40

图 3-41

图 3-42

图 3-43

（四）上动不停，身体站起左转，两臂同时举起伸直，两手成勾手；上下拔伸（图 3–44）。

（五）屈膝下蹲，低头含胸，两臂勾手前伸（图 3–45）。

（六）身体从团身到站起，身体依次展开，做最大幅度的对拉（图 3–46—图 3–48）。

图 3–44

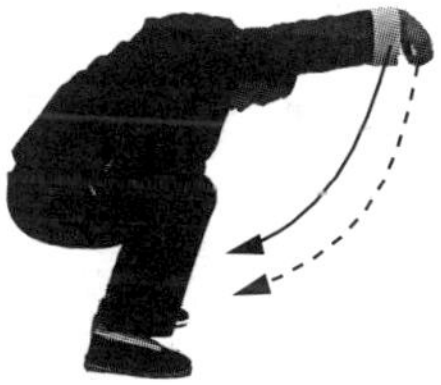

图 3–45

图 3–46

图 3–47

图 3–48

三、动作要点

在做马步和歇步时，下肢尽可能固定，以配合肩部的拔伸和环绕动作；在做团身下蹲和伸展动作时，身体尽可能做到最大限度。

四、练习次数

在全套练习中左右各做 1 次。单式练习时，此动可重复做 4 ~ 8 次。

第四式　射箭势

“射箭势”左右平拉，做极限的扩胸和转腰，动作幅度很大，注意循序渐进。

一、射箭势左式

（一）身体右转，右腿撤步，两手下落交叉（图 3–49）。

（二）不停，身体蹲成马步，左臂向左侧伸出，左手食指挑起，其他四指扣指；右臂折叠向右拉出，五指内扣，两手成拉弓射箭式（图 3–50）。

（三）稍停，身体右转，成右弓步，右臂屈肘，身体右转，左臂抬起和转腰形成反向运动（图 3–51）。

图 3–49

图 3–50

图 3–51

二、射箭势右式

（一）上动稍停，起身，两臂交叉于胸前（图 3–52）。

（二）右臂向右侧伸出，食指挑起，其他四指扣指；左臂折叠向左拉出，五指内扣，两手成拉弓射箭式，目视右前方（图 3–53）。

（三）稍停，身体左转，成左弓步，左臂屈肘，身体左转，右臂抬起和转腰形成反向运动（图 3–54）。

图 3–52

图 3–53

图 3–54

三、动作要点

在做左右射箭势的动作时，两臂举平，对拉形成一种内在的张力；在做弓步转腰的动作时，逐渐转腰用力。

四、练习次数

在全套练习中左右各做 1 次。单式练习时，此动可重复做 2 ~ 4 次即可。

第五式　掉尾势

“掉尾势”就是最大限度地抬头仰身，对整个脊柱有很好的调整锻炼。

一、掉尾势左式

（一）接上动，起身，左弓步两手交叉于胸前；目视前方（图 3–55）。

图 3–55

（二）抬头、挺胸、仰身，两臂先向下、向后摆至身后，目视上方（图 3–56、图 3–57）。

（三）重心前移，两掌从耳侧向前推出（图 3–58）。

（四）此动不停，重复一次（图 3–59—图 3–61）。

图 3–56

图 3–57

图 3–58

图 3–59

图 3-60

图 3-61

二、掉尾势右式

（一）身体右转，两掌交叉于胸前（图 3-62）。

（二）身体继续右转，两掌交叉于胸前（图 3-63）。

图 3-62

图 3-63

（三）抬头、挺胸、仰身，两臂先向下向后摆至身后；目视上方（图 3–64、图 3–65）。

图 3–64

图 3–65

（四）重心前移，两掌从耳侧向前推出，目视前方（图 3–66）。

（五）此动不停，重复一次（图 3–67—图 3–69）。

图 3–66

图 3–67

图 3–68

图 3–69

三、动作要点

在做掉尾势动作时，抬头挺胸仰身，配合两手后摆，逐渐加大幅度。

四、练习次数

在全套练习中左右各做 2 次。单式练习时，此动每一方向可重复做 2 ~ 4 次。

收势

一、动作过程

（一）身体左转；目视前方（图 3–70）。

（二）两手向下、向外打开，再从身体两侧缓缓上举；目视前上方（图 3–71）。

图 3–70

图 3–71

（三）两臂从身前下落按掌；目视前方（图 3–72、图 3–73）。

图 3–72

图 3–73

二、本动要点

整理放松，意念回收，眼随手动。

三、练习次数

在全套练习中做 1 次，单式练习时，此动可重复做 2 ~ 4 次。

中篇

太极拳教学中的站桩学练问答

在本篇中我们向读者朋友介绍几个国家创编的太极拳推广和竞赛套路的特色，同时还介绍我们在教这些套路时所选择的便于初学者尽快掌握特色的站桩姿势。以使读者进一步了解每个太极拳套路，为教学者提供参考。

我们撰写本篇的出发点是发掘国家创编的太极拳套路中的技术内涵，给教学者提供教法启示，为初学者加速学练的进程。我们依据在学校从事武术教学的数十年经验和对武术传承过程的研究，以及对太极拳竞赛的反复观察，把我们在教学国家创编的太极拳套路时所采用的站桩练习方式介绍给读者朋友们。

鉴于太极拳流派众多，内容和要领因师承各异。我们在本章中只从对初学者的教学视角，提示在国家创编的每个太极拳套路中，选择哪些姿势作为初学者的站桩内容更有利于教和学。并且只叙述共性的要求和所选择的每个站桩的姿势和要点。其中所涉及教材中的具体内容请读者自己查找，因为现在的太极拳教材和参考书随手易得。

第四章　对国家创编的太极拳套路的认识

国家创编和推广的太极拳套路与其他传统太极拳内容一起，早已成为国内外太极拳爱好者（特别是中老年人）的一项传统健身运动。国家创编和推广的太极拳套路是国家行为对太极拳“承上启下”的继承和发展。在这一过程中，所有武术领导者、工作者、参与者付出了大量辛勤劳动。“详推用意终何在，益寿延年不老春”。

第一节　撰写本章要说明的问题

一、分享教学经验

本章内容是依据我们在高校多年教学太极拳普修课、选修课、训练课的经验撰写。我们在学校的教学对象几乎都是初学者（每班 30 人左右），我们能在一个学期教会学生熟练全套动作，并能配乐练习。在此把我们的成功经验和读者朋友分享。

二、我们对站桩作用的认识

站桩这种练习方式，是我国武术中特有的一种练功方法。

每个拳种之中可以说都有站桩的练习内容，有的拳种有自己的独特桩法，更多的拳种是借鉴其他拳种的站桩之法。

站桩可以使初学者尽快定型所学套路的基本姿态和特色技法，并迁移对其他动作的掌握。因此，可以说站桩是初学阶段纠正错误的改进方法，也可以说是增加武术功力的长期训练方法，还可以说是养生保健的简单易行之法。站桩对任何一个拳种流派的初学者都有着其他方法不可替代的独到作用。

我们认为站桩练习同样适用于每个国家创编的太极拳套路，在教学初期尤为重要。

三、我们的尝试

国家创编的太极拳套路是国家行为对传统太极拳精华的浓缩。如果严格从动作规格来看，每个国家创编和推广的太极拳套路都是一套动作完全不同的成套身体动作练习。国家创编和推广的太极拳套路在教材表述和传习过程中也同样要受到文字和图示表达的局限，不可能将所有内容全都表述出来，只能尽量而为。站桩是突出每个拳种流派运动特色的有效手段。国家创编和推广的太极拳套路也应该有相对应的站桩内容，我们在此做出尝试。

四、内容排序的说明

以下第五章至第八章中太极拳套路的排序，不是以有记载的太极拳传承顺序排序，而是按照国家创编和教材出版的时间、教材中展现的先后顺序排序。如 1989 年创编《四式传统太极拳竞赛套路》中杨式、陈式、吴式、孙式的排序，即为我们以下各章的顺序。而不是按照陈式、杨式、吴式、武式、孙式的传承顺序排序。

五、照片的说明

我们在本章选用的站桩姿势照片，全部选自首次出版教材中的示范者图示。因为示范者均为当时各派太极拳的代表人物，虽然当时没有用照片展示，但画图也可以显示其风采，尽量使读者感受拳势的原生态。

第二节　国家创编的太极拳套路的意义和内容

中华人民共和国成立以后，太极拳以我国民族特有的运动方式和简便易行的实用性，受到我国历届国家领导人的重视和参与。从新中国成立初期为了我国人民大众因地制宜和因陋就简地健身锻炼，到后来为了适应国内外太极拳技术水平的快速发展和日益频繁的太极拳竞赛交流活动的需要，国家运用政府行为，在保留传统太极拳套路风格特色和技术要领的基础上，先后创编了具有广泛参与性的太极拳和太极剑的普及套路，以及符合《武术运动竞赛规则》要求的太极拳和太极剑的竞赛套路，使得各式传统太极拳有了宜于推广和符合竞赛规则的内容。在为运动员提供更加公正的竞赛内容同时，吸引了我国以中老年群体为主的众多爱好者积极参与，同时在向国外推广的过程中也受到了国外太极拳爱好者的喜爱和积极参练。

我国政府和武术领导机构对太极拳的重视和推广行为，包括创编套路、制作教材音像、开展推广活动和竞赛、各种形式的宣传等，早已使太极拳套路成为我国大众健身的主要内容，并已经在世界范围内形成较大影响和吸引了大范围的参与群体。可以说太极拳套路是参与者人数最多的武术项目。目前练习国家创编和推广的太极拳套路的人越来越多，同时带动了传统太极拳的普及和发展。

中华人民共和国成立至今，国家用政府行为推出的太极拳套路主要有：

1956 年创编了 24 式太极拳。

1957 年创编了 32 式太极剑、88 式太极拳。

1976 年创编了 48 式太极拳。

1989 年在创编国际标准武术竞赛套路的同时创编了 42 式太极拳竞赛套路。

1989 年创编杨式、陈式、吴式、孙式四式太极拳竞赛套路。

1991 年创编了国际标准的太极剑竞赛套路。

1992 年创编了太极拳推手对练套路。

1995 年创编了武式太极拳竞赛套路。

还有 1998 年《武术段位制》中的各段位太极拳套路，其中大部分与上述套路重叠，但也新编补充了一段太极拳（8 式）、二段太极拳（16 式）、三段太极枪和四段太极枪等内容。

2010 年以来，《中国武术段位制系列教程》中也有太极拳（陈式、杨式、和式、武式、吴式、孙式）的内容。

第三节　国家创编的太极拳套路全部采用传统动作名称的原因

国家武术领导机构在创编和推广太极拳套路时，其中的动作名称除 42 式太极剑之外，全部采用传统动作名称（32 式太极剑在使用动作结构名称的同时配有传统动作名称），这不仅体现着国家对传统文化的尊重和推广，也在用我国形象化的动作名称向世界展示着太极拳的传统性和民族性。太极拳传统动作名称不仅使初学者在学习阶段易于记忆，也可以使演练者在练习中产生联想，因为太极拳（武术）中传统动作名称不仅是动作外型结构的文字标识，还蕴涵着完成动作时的意识、精神、气魄等内在的内容。从中可以领悟浓厚的“只能意会难以言传（缄默知识）”的中国传统文化内容。正是这种柔缓的健身运动形式和蕴含的中国传统武术文化信息，满足了国内外中老年健身市场的需要。同时太极拳的传统动作名称作为我国传统文化的符号也早已遍及世界，成为外国人知晓的武术汉语词汇。

第五章 24式、88式、48式、42式太极拳中的站桩练习

在本章中我们向读者朋友介绍这4个国家武术领导机构组织创编的“新派太极拳套路（和传统竞赛套路对应）”的特色，同时还介绍我们在教学这些套路时所选择的便于初学者尽快掌握的站桩姿势，以使读者加深了解，为教学者提供参考。

24式太极拳创编于1956年；88式太极拳创编于1957年；48式太极拳创编于1976年；42式太极拳竞赛套路创编于1989年。这4个套路自问世以来，受到国内外太极拳爱好者的喜爱，得到了大范围推广。其中24式太极拳是目前世界上学练人数最多的太极拳套路。这4个套路虽然动作数量和内容有差异，但动作规格因创编者没有大的变化而基本一致，都是由24式太极拳拓展的杨式太极拳风格。虽然48式太极拳和42式太极拳竞赛套路中融入了陈式、吴式、孙式太极拳的动作素材，但也都是以24式太极拳和88式太极拳的动作规格统一化了。所以这4个套路中身体姿势和动作规格是相同的。

第一节　太极拳站桩功

“太极拳站桩功”就是国家创编和推广的24式、88式、48式、42式太极拳套路中起势和收势的综合练习。因为这4个太极拳套路中起势和收势的动作都是一样的。所以把它作为初学者体验这些太极拳套路规律性要求的载体，作为入门之法极具有代表性。

在“太极拳站桩功”这个组合动作练习中，教学者可以让太极拳初学者逐个体验太极拳基本身体姿态的要求；体会到太极拳慢匀速、连贯等特色的运动方式；在复习提高阶段，教学者还可以把“太极拳站桩功”作为提高功力的手段，让学练者增加下肢力量，进一步体验动作细节，乃至“气息运行”。

因此，“太极拳站桩功”可作为所有国家创编和推广太极拳套路的共性站桩方法。初学者学练后面各章的每个套路时都可用“太极拳站桩功”作为入门站桩姿势，为避免重复，在后面各节中就不复述了。

一、“太极拳站桩功”的动作和要点是怎样的?

预备势

两脚并步，身体直立，重心保持在两脚之间（图5–1）。

要点：精神饱满，心静体松。

图 5–1

起势

（一）左脚开步：身体重心由两脚之间移至右腿，随即左脚跟至脚尖依次提起，向左侧开步至与肩宽，然后脚尖至脚跟依次落地，身体重心左移至两脚之间；呼吸自然（图 5–2）。

图 5–2

要点：分清两脚的虚实；左脚开步要轻松自然。

（二）领举双臂：双手腕上领，松肩，两臂轻松上提；自然吸气（图 5–3）。

要点：双手要沿着下弧线向上运行。

（三）屈蹲下按：两腿屈蹲，臀部下坐；同时两臂沉肘，带动双掌向下落按；自然呼气，目视前方（图 5–4）。

图 5–3

图 5–4

此为太极拳站桩的姿势，保持姿势站立一定的时间，自然呼吸。

要点：用腿、臀、腰身带动两臂下落和双掌下按。保持此姿势站桩时要注意：1. 上体正直并向后靠。2. 屈髋、膝关节对准脚尖，并微向外撑。3. 收下颌，沉肩，垂肘（两臂微屈，肘尖对地）。

收势

（四）领举双臂：站立一定的时间之后，上体保持正直，两腿站起的同时前伸双掌；自然吸气（图 5–5）。

要点：要借助双腿的蹬伸之力。

（五）双掌下落：身体姿势不变，双掌下落至体侧；自然呼气（图 5–6）。

要点：双手要沿着下弧线下落至体侧。

（六）左脚并步：身体重心右移，左脚跟至脚尖依次提起，向右脚并拢，然后脚尖至脚跟依次落地，身体重心移至两脚之间成并步（图 5–7）。

要点：右脚站立要平稳，左脚收步落脚要轻松自然。

教学者可以组织初学者先把每个分解动作学会然后进行连贯的练习，体会太极拳慢速连贯的运动特色。

图 5–5

图 5–6

图 5–7

二、“太极拳站桩功”对初学者主要有哪些作用?

太极拳的动作要领繁多，对于初学者，只能在最简单的静态姿势中逐一进行体会。

起势主要表示某一个拳势或太极拳套路的开始；集中意识、调整呼吸，调动身心之后进入主要内容的练习。收势主要表示某个拳势或太极拳套路的结束；保持精神、调理呼吸，起到使身体缓和下来的整理作用。而其中的太极桩姿势可以涵盖太极拳对身体姿态的所有要求。对于太极拳初学者而言，在静止姿势中便于形成太极拳的身型体态以及便于逐个体会和掌握太极拳的基本动作要领，尽快形成太极拳的基本身体姿态；同时，练习“太极拳站桩功”可以增强练太极拳需要的大腿肌肉的静力性力量，改善全身肌肉的协调用力程度，逐步适应太极拳的用劲方式。

三、练习“太极拳站桩功”主要体验和掌握哪些太极拳的规律性要领?

在《太极拳竞赛规则》的“太极拳、剑的评分标准”中，将太极拳分成主要手型、主要手法、主要步型、主要步法、主要腿法、主要身型和身法、眼法 8 个部分。我们可以此作为国家创编的每个太极拳套路中规律性的具体要求。

对于初学者而言，在学练太极拳的初期让身体姿势定型非常重要。初学者在练习“太极拳站桩功”时，手型可以根据自己所练习的太极拳的“式”来定。《太极拳竞赛规则》中规定，“42 式，杨式，孙式，吴式：五指自然舒展，掌心微含，虎口呈弧形”；“陈式大拇指根合向小指，指尖后仰，其余四指依次向手背方向舒展错开”。主要身型可以参照《太极拳竞赛规则》中的具体要求。

（一）头：虚灵顶劲，下颌微内收。

（二）肩：保持松沉。

（三）肘：自然下坠。

（四）胸：自然舒松，微内含。

（五）背：自然放松，舒展拔伸。

（六）腰：自然放松，不可后弓或前挺。

（七）脊：保持自然伸直，不可左右歪斜。

（八）臀胯：臀要下垂收敛，不可后凸，胯不可左右歪斜。

（九）膝：伸屈要柔和自然，膝关节要与脚尖同向。

眼法可以参照《太极拳竞赛规则》中的具体要求：“目视前方，做到精神贯注、意动势随，神态自然。”

以上这些要求可作为规律性要求，迁移至下面不同太极拳套路中的站桩姿势。

四、“太极拳站桩功”主要有哪些健身作用？

“太极拳站桩功”不仅适合太极拳的初学者掌握太极拳的身体姿态和规律性要领，还适合各年龄阶段平时“久坐少动”的工作者、学习者、劳动者健身养生之用。因为：

（一）站桩时能自然集中精神，调整呼吸，缓解精神疲劳，具有调节身体内环境的作用。在身体机能下降的亚健康状态时练习，可以给身体起到“充电”的作用。

（二）有效增强大腿肌肉力量，促进下肢毛细血管开放和改善下肢的血液循环。可以预防和治疗膑骨软化；对膝关节酸痛、膝关节的伤后恢复，以及陈旧性损伤有治疗和促进恢复的作用。腿力差者可靠墙或手扶椅背进行练习。

（三）因站桩几乎没有身体动作的变化，对于久坐工作者疲惫时可以边工作边练，不中断工作和不影响其他人。坐姿时脚稍向后移，大腿持续用力。练一会儿再坐下。

五、“太极拳站桩功”练习多少时间和次数？

“太极拳站桩功”简单易行，随时可以练习。

在早晨、工作的间歇时间、晚上看电视的同时都可以练习。初期练习可从站 1 分钟开始，可站 2～3 次；以后逐渐延长每次站桩的时间至 3～5 分钟。

如果每天只练“太极拳站桩功”，初期从 1 分钟开始，以后每次增加时间，逐渐增至 10～15 分钟为宜。

请注意站桩之后一定要散散步，然后再坐下休息。

第二节 24 式太极拳中的站桩练习

一、24 式简化太极拳有哪些运动特色？

24 式简化太极拳是 1956 年国家体委组织太极拳专家，从杨式太极拳架中择取 20 个不同姿势创编而成。内容精练，动作规范，充分体现了太极拳舒展大方、立身中正、连贯圆活、柔缓均匀的运动特点，具有健身养生的作用。因此，24 式简化太极拳是适合太极拳初学者的入门套路。

二、怎样练习 24 式简化太极拳中的“琵琶桩”？

“琵琶桩”就是 24 式太极拳中第 5 式“手挥琵琶”的结束姿势，是让初学者练习虚步、体验“虚实分明”的站桩。

桩势（以左虚步的姿势为例）：两脚前后开立，两脚跟之间约一脚半的距离；右腿屈蹲支撑体重，右脚尖外展 45°；上体右转 45°；左腿膝微屈，脚跟着地，脚尖自然翘起成左虚步；左臂屈肘，左手掌心斜向右下，手腕与肩同高；右臂屈肘，右手掌心斜向左下，食指尖与左肘同高；目视左掌方向（图 5–8）。

图 5–8

要点：两腿虚实分明，上体正直，松腰拔背，两臂微向前送出，下颌微收。

对初学者的作用：在“太极拳站桩功”的基础上学练“琵琶桩”，可以使初学者在体验中明确两脚对自己体重“虚实分明”的支撑状态。如果把“琵琶桩”和“白鹤亮翅”相比，初学者对于脚跟着地的虚步比前脚掌着地的虚步更容易掌握；同时双手内合的姿势也比两手上下开展的姿势容易做得准确。教学者要强调将体重置于右腿，左脚跟轻轻着地。

三、怎样练习 24 式简化太极拳中的“按推桩”?

“按推桩”就是 24 式太极拳中的“揽雀尾”中“按”的结束姿势。是让初学者练习弓步的站桩。

桩势（以右弓步的姿势为例）：两脚前后开立，两脚左右之间约一横脚宽；右腿屈膝下蹲主要支撑体重，脚尖向前微内扣；左腿自然蹬直，全脚掌着地，脚尖向前 45°，成弓步；上体正直；双臂前伸，手腕与肩同高，双掌手心向前；目视推掌方向（图 5–9）。

图 5–9

要点：下颌微收，上体正直，松腰拔背，两臂肘关节自然微屈。

对初学者的作用：弓步是所有太极拳中的主要步型。在“琵琶桩”的基础上学练“按推桩”，可以使初学者明确弓步的规格，体验两脚前后站立时自己体重的分配状态。同时，双掌前伸的姿势可以让初学者明确练太极拳时双手前伸的基本正方位，对于再学习其他方位的手法具有定标的作用。另外，双手的动作比单手的动作更容易让初学者掌握。教学者要强调上体正直，左脚跟要有蹬伸意识，全脚掌着地。

四、怎样练习 24 式简化太极拳中的“抱球桩”？

“抱球桩”是 24 式太极拳乃至 88 式、48 式、42 式太极拳中大部分动作的核心过渡姿势之一，十分重要。如“野马分鬃”上步之前的姿势。是让初学者练习丁步和双手托抱的站桩。

桩势（以左手在下，左脚前虚的姿势为例）：右腿屈蹲支撑体重，右脚尖外展 45°；上体右转 45°；左膝微屈，脚前掌在右脚内侧虚点地；左臂屈肘，左手掌心向上；右臂屈肘，右手掌心向下，双掌托抱于腹前；目平视右掌方向（图 5-10）。

图 5-10

要点：右腿沉实，上体正直，两臂自然圆抱，下颌微收。

对初学者的作用：在“琵琶桩”和“按推桩”的基础上学练，可以使初学者进一步明确自己体重在两腿之间的“虚实分明”状态；同时掌握了太极拳中手法的中间过渡姿势，为更快掌握学练其他手法奠定了准确的起点。教学者要向学练者强调“抱球桩”对学习太极拳的重要作用。

五、怎样练习24式简化太极拳中的“太极图桩”？

“太极图桩”是24式太极拳乃至88式、48式、42式太极拳中大部分动作的核心过渡姿势之二，十分重要。如“搂膝拗步”上步之前的姿势。是练习丁步和双手经体侧绕摆的站桩。

桩势（以左脚前虚的姿势为例）：右腿屈蹲支撑体重，右脚尖外展45°；上体右转45°；左腿屈膝，脚前掌在右脚内侧虚点地；右臂屈肘侧伸，右手掌心向上，手腕上沿与肩同高；左臂屈肘置于右肘前，左手掌心向下；双掌侧置于身体右侧；头向右转，目平视右掌方向（图5-11）。

图5-11

要点：两臂自然圆伸，上体正直，下颌微收。

对初学者的作用：为何叫“太极图桩”？因为做出本桩的上肢动作之后，如在右手与左肘之间连上一条外弧线，那么两手臂之间就是一个太极图的形状。在“抱球桩”的基础上学练“太极图桩”，可以使初学者掌握太极拳中手法的第二种核心过渡姿势，为更快掌握学练其他手法奠定准确的起点。教学者要向学练者强调“太极图桩”的两臂的姿势和位置。

六、练习24式简化太极拳中的站桩有哪些注意事项?

24式太极拳的学练者大多为初学者。“太极拳站桩功”是教学者引导初学者适应太极拳的身体形态和运动方式的练习。“琵琶桩”和“按推桩”是教学者给初学者“定架势”的主要练习；“抱球桩”和“太极图桩”是告知和定型两个重要的核心过渡姿势，为准确学习其他大部分相关的手法奠定基础。“按推桩”是弓步，两腿负担体重，站桩时间可稍长。“琵琶桩”“抱球桩”“太极图桩”因为是单腿支撑负担较大，初学者站桩时间过长会因腿部酸痛而使整体姿势变形，影响教学效果，因此练习时间以初学者整体桩势不变形为度，一般30秒左右。

七、初学者怎样才能更快学会24式简化太极拳?

初学24式简化太极拳，首先要记住每一式的动作名称和明确掌握每一式的分解动作，这样才能尽快学会和记住全套动作。在此过程中，要重点练习24式简化太极拳的第一段动作，以掌握动作规格并适应太极拳的练习方式。在此基础上再进行配音乐的练习，通过音乐诱导可以较快掌握太极拳匀速连贯的运动特点。

因为用文字和图像（或照片）在表达身体动作时有很大的局限性，加之 24 式简化太极拳教材有多种版本，动作细节有差异。所以在学练之前和学练过程中，还要让初学者明确 24 式简化太极拳中主要规律性动作的统一定位。

（一）基本手法的高度和角度

1. 下位手的位置：（1）野马分鬃、搂膝拗步、弓步掤臂的下手位置均在同侧胯前。（2）倒卷肱、高探马的下手位置均在肚脐旁边。

2. 中位手的高度：所有向前推的单手动作（如搂膝拗步的推掌）和双手动作（如揽雀尾的双推掌）、向侧分的单手动作（如野马分鬃的分掌）和双手动作（如右蹬脚的双分掌），手腕上沿均与肩同高。

3. 上位手的高度：所有向上架的动作（如右左穿梭和闪通臂的架掌），均以眼睛向前平视，余光可见上架手的大拇指为准。

4. 所有经下向后上摆的单手动作（如倒卷肱、高探马的一手后摆），后摆方向均向身体斜后方 45°。

（二）基本步型、步法、腿法、躯干拧转角度的定位

1. 弓步：两脚之间的宽度为自己的一横脚宽（约 30 厘米左右）。

2. 虚步：支撑脚（实脚）的内沿与伸出脚（虚脚）的内沿在同一直线上。

3. 仆步：学练初期支撑腿的大腿与地面平行；后期再屈腿全蹲。

4. 上步：转身上步要经过虚脚点地的丁步过程。

5. 退步：退步脚收经支撑脚的脚腕再后退（如倒卷肱的退步）。

6. 云手和侧行步：当两手云转至身体一侧时（下手在上手的肘关节下），此时侧行步的收脚或出脚均用前脚掌点地。

7. 撤步：前脚撤步脚均收至支撑脚踝内侧（如白鹤亮翅接左搂膝拗步；右蹬脚的“穿掌收脚”；闪通臂的左脚后收）。

8. 蹬脚：脚蹬出之前脚掌虚点地面；屈膝上提之后蹬出，腿与地面平行。

9. 一般分解动作的躯干角度为前进方向的 45°。

八、24 式太极拳中有哪些核心动作需要重点练习？

初步熟练 24 式太极拳的全套动作之后，要对以下各组动作进行单独的反复练习，可以尽快提高学练者的技术水平。

（一）左右野马分鬃。

（二）左右搂膝拗步。

（三）左右倒卷肱。

（四）左右揽雀尾。

（五）单鞭—云手—单鞭。

（六）右蹬脚—双峰贯耳—左蹬脚。

（七）左右穿梭—海底针—闪通臂。

第三节　88 式太极拳中的站桩练习

一、88 式太极拳有哪些运动特色?

88 式太极拳创编于 1957 年，由当时的国家体育运动委员会组织太极拳专家，对流传较广的杨式太极拳传统套路进行了整理和规范，保留了杨式太极拳传统套路的基本结构，演练时具有端正舒展、连贯圆活、均匀连贯、柔中寓刚等运动特色。并在当时作为 24 式简化太极拳的提高套路。套路的内容包括预备式共有 88 个拳势，不重复的动作有 40 余个。88 式太极拳全套练习需要 15 分钟左右，自创编推广以来，受到太极拳爱好者的喜爱，在国内外至今仍有以 88 式太极拳作为养生锻炼习练者，且这些习练者大多是在 24 式太极拳基础上学练 88 式太极拳的。

虽然 88 式太极拳中有不少重复的动作，但从传统武术套路的编排和练功的角度来看，至今在国内外仍是具有健身和文化价值的太极拳经典套路。

二、怎样练习 88 式太极拳中的“单鞭桩”?

“单鞭桩”就是 88 式太极拳中的“单鞭”的结束姿势。

桩势（以左脚在前的姿势为例）：两脚前后开立，两脚左右之间约一竖脚宽；左腿屈膝下蹲主要支撑体重，脚尖向前，微内扣；右腿自然蹬直，全脚掌着地，脚尖向前 45°，成弓步；上体正直右转；左臂前伸，左手成立掌，手腕与肩同高；

右臂向右斜后方伸出，右手成勾手，勾尖向下；目平视左掌方向（图 5–12）。

图 5–12

要点：下颌微收，上体正直，含胸拔背，松腰沉髋，两臂肘关节自然微屈。

对初学者的作用："单鞭"在 88 式太极拳全套动作中出现 10 次（加上第 50 式"横单鞭"）。是"云手"的前后衔接动作。弓步仍是 88 式太极拳中出现最多的步型。

"单鞭桩"是 88 式太极拳中最开展的弓步姿势。学练单鞭桩，可以使初学者巩固顺弓步的规格，确定双手同时在身前身后姿势的方位和幅度。对于掌握套路中其他方位的手法具有定标的作用。教学者要强调上体正直，右脚跟要有蹬伸意识，全脚掌着地。

三、怎样练习88式太极拳中的"搬拦捶桩"?

"搬拦捶桩"就是88式太极拳中的"进步搬拦捶"的结束姿势。

桩势（以左脚在前的姿势为例）：两脚前后开立，两脚左右之间约一竖脚宽；左腿屈膝下蹲主要支撑体重，脚尖向前，微内扣；右腿自然蹬直，全脚掌着地，脚尖向前45°，成弓步；上体正直左转；右手握拳屈肘前伸，手腕同肩高，拳眼向上；左手成立掌，置于右前臂内侧；目平视右拳方向（图5-13）。

图5-13

要点：顶头收颔，上体正直，松腰沉髋，松沉两肩。

对初学者的作用："进步搬拦捶"在88式太极拳全套动作中出现6次。还有姿势近似的"进步栽捶"和"搂膝打捶"。是"如封似闭""上步揽雀尾"和"翻身白蛇吐信"之前的衔接动作。

“搬拦捶桩”是拗弓步的姿势。学练“搬拦捶桩”，可以使初学者巩固拗弓步的规格，确定拗弓步动作上体左转的姿势以及冲拳手法的方位和幅度。对于掌握套路中其他近似的拳法具有定标的作用。教学者要强调上体正直，右手要自然握拳；右脚跟要有向前的蹬伸之劲。整体要有前顶之劲。

四、怎样练习 88 式太极拳中的“捋势桩”?

“捋势桩”是 88 式太极拳中“揽雀尾”中“捋”的结束姿势。

桩势（以右脚在前的姿势为例）：两脚前后开立；左腿屈膝下蹲主要支撑体重；右腿自然屈膝，全脚掌着地成半马步；上体正直左转；左臂侧伸，左手成立掌，手腕上沿高与肩平；右臂屈肘，右手成掌置于胸前；目平视左掌方向（图 5–14）。

图 5–14

要点：松腰沉髋，松沉两肩，上体正直，顶头收颌。

对初学者的作用：揽雀尾在88式太极拳全套动作中以“原地揽雀尾”“斜揽雀尾”“上步揽雀尾”“进步揽雀尾”的形式共出现8次。“揽雀尾”是原地完成掤、捋、挤、按四种手法的完整拳势，“捋”是其中初学者最不易学会和掌握的动作。

“捋势桩”是半马步的姿势。学练“捋势桩”，可以使初学者在明确“捋”手法的同时，增加支撑腿的力量和身体重心后移的幅度。经常练习可以增加初学者两腿之间的移动幅度和两脚之间的支撑面积。在整体上加快手法的学习速度和对规格动作的表现能力。教学者要逐渐要求初学者身体重心后移的幅度。

五、练习88式太极拳中的站桩有哪些注意事项?

如果说“单鞭桩”是“开”的代表，“搬拦捶桩”是“合”的代表，“捋势桩”则是介乎“开”与“合”之间的“中”的代表。

88式太极拳的学练者大多是在24式太极拳基础上的进一步学习。因此，在学练88式太极拳之初进行“单鞭桩”“搬拦捶桩”“捋势桩”这三个桩势的练习，可以起“画龙之前先了解眼睛”的作用。在学练88式太极拳过程中经常练习这三个桩法，可以增加初学者的腿部力量，加大身体重心的后移幅度和两脚之间的支撑面积，使88式太极拳的每个整体动作尽快表现出上下协调和舒展。教学者也可以在教学过程中练到这三个拳势时，有意识地让学习者停顿10~20秒，进行变相站桩的练习。

六、88 式太极拳中有哪些核心动作需要重点练习?

初步熟练 88 式太极拳的全套动作之后，要对以下各组动作进行单独的反复练习，可以尽快提高学练者的技术水平。

（一）左右揽雀尾。

（二）左右搂膝拗步。

（三）左右倒卷肱。

（四）左右披身伏虎。

（五）左右穿梭（四斜角）。

（六）单鞭—云手—单鞭。

（七）白鹤亮翅—左搂膝拗步—海底针—闪通臂。

（八）退步跨虎—转身摆莲脚—弯弓射虎。

第四节　48 式太极拳中的站桩练习

一、48 式太极拳有哪些运动特色?

48 式太极拳创编于 1979 年。当时正值我国改革开放的初期，为顺应人民大众高涨的健身热情和发掘民族传统文化的大好形势，由当时国家体育运动委员会运动司组织太极拳专家创编。48 式太极拳是当时国家体委审定的规范推广教材之一。

全套动作除起势和收势之外共有 48 个动作，往返分为六段。套路内容是以杨式太极拳为主体动作，同时选择融进了孙式、吴式、陈式太极拳中的拳势，但按照杨式太极拳舒展大方、连贯圆活的技术特色统一展现，内容更加丰富充实。在动作结构的组编上突破传统太极拳套路“顺边（一侧身体的拳势多）”的格式，注重动作的左右对称，动作之间的结构严谨，具有一定的动作难度和运动量，是有一定创新力度之作。48式太极拳推出之后，在当时成为24式太极拳学练之后的提高套路，几乎替代了88式太极拳。

练习一遍48式太极拳的全套动作，需8分钟左右。48式太极拳自创编推广以来，受到众多太极拳爱好者的喜爱，在国内外至今仍有以48式太极拳作为锻炼内容的习练者。

二、怎样练习48式太极拳中的“搂推桩”？

“搂推桩”就是48式太极拳套路中第三十式“搂膝拗步”的结束姿势。是48式太极拳套路中搂推姿势的代表。

桩势（以左弓步的搂推姿势为例）：两脚前后开立，两脚左右之间约一竖脚宽；左腿屈膝下蹲主要支撑体重，脚尖向前，微内扣；右腿自然蹬直，全脚掌着地，脚尖向前45°，成弓步；上体正直左转；右掌前伸，手腕同肩高，掌指向上成推掌姿势；左臂下垂体侧，左掌置于左髋前；目平视右掌方向（图5–15）。

图5–15

要点：转腰沉髋，两肩松沉，两肘微屈。

对初学者的作用："搂推桩"除了让初学者进一步练习拗弓步之外，主要是让初学者强化搂推的手法姿势定位。因为即使是学过24式太极拳，搂推的手法在初学者中也经常出现直臂或下搂手臂后摆的现象。搂推的手法在48式太极拳全套动作中出现在第2式"左搂膝拗步"、第11式"转身推掌（四）"、第30式"搂膝拗步（二）"等多次。还有姿势近似的第14式"白蛇吐信（二）"。特别是第11式"转身推掌"中的四次搂推，如不提前定位，初学者很难做出正确的动作。

三、怎样练习48式太极拳中的"抹掌桩"？

"抹掌桩"就是48式太极拳套路中第五式"捋挤势"中的过渡姿势，同时也是48式太极拳套路中多个拳势的重要中转姿势。

桩势（以左弓步的抹掌姿势为例）：两脚前后开立，两脚之间约一竖脚宽；左腿屈膝下蹲主要支撑体重，脚尖向前，微内扣；右腿自然蹬直，全脚掌着地，脚尖向前45°，成弓步；上体正直右转；右掌掌心向下前伸，手腕同肩高，掌指向前；左臂屈肘上托，左掌置于右肘下；日平视右掌方向（图5-16）。

图5-16

要点：合髋转腰，两肩松沉，右手推抹，两肘微屈。

对初学者的作用：在48式太极拳全套动作中，拳势中需要经过抹掌过渡的就有第5式“捋挤势（三）”、第16式“左撇身捶”、第29式“右左分脚”、第31式“上步擒打”、第34式“右撇身捶”、第35式“左右穿梭”，共6个。通过“抹掌桩”确定了抹掌姿势位置，这些拳势的完整动作就可以尽快表现出顺遂圆活，提高初学者的学习速度。

四、怎样练习48式太极拳中的“独立桩”？

“独立桩”就是48式太极拳套路中第十八式“独立撑掌”的结束姿势，是48式太极拳套路中吸取吴式太极拳的变革拳势。

桩势（以左脚独立的姿势为例）：左腿自然直立；右腿屈膝上提成独立步；上体正直；左臂屈肘向上撑架，掌心斜向上；右臂屈肘下按于腹前，掌心向下；目平视前方（图5-17）。

图 5-17

要点：放松独立，松肩撑臂。

对初学者的作用：在48式太极拳全套动作中，“独立撑掌”虽然是单腿独立，但做好了就是一个很有气势的拳势。因为是左右两侧连续进行的，初学者很难两侧姿势都能站稳，需要经过“独立桩”的定型训练，找到站稳的感觉。另外，“独立桩”站稳了之后，对于48式太极拳中的蹬脚、分脚等腿法和其他独立动作都有良性迁移作用。

五、练习48式太极拳中的站桩有哪些注意事项?

48式太极拳的学练者大多是在24式太极拳基础上的进一步学习。因此在学练48式太极拳之初进行“搂推桩”“抹掌桩”“独立桩”这三个桩势的练习，可以为学练全套动作起到铺垫的作用。因为48式太极拳的动作对稍有基础的学练者是有一定难度的。从24式太极拳的基础上直接学练一定要做好前提铺衬准备工作。

六、48式太极拳中有哪些核心动作需要重点练习?

初步熟练48式太极拳的全套动作之后，要对以下各组动作进行单独的反复练习，可以尽快提高学练者的技术水平。

（一）捋挤势。

（二）左右搂膝拗步。

（三）左右倒卷肱。

（四）左右拍脚伏虎。

（五）高探马—右蹬脚—双峰贯耳—左蹬脚—掩手撩拳。

（六）独立托掌—马步靠—转身大捋。

（七）独立跨虎—转身摆莲脚—弯弓射虎。

第五节　42 式太极拳竞赛套路中的站桩练习

一、42 式太极拳竞赛套路创编之后发挥过什么作用？

和 24 式、88 式、48 式太极拳相比，42 式太极拳竞赛套路是专门用于武术竞赛的太极拳套路。“兼收各式，融为一体，转接柔顺，中正安舒”是 1993 年版《太极拳剑竞赛规则》中专门对 42 式太极拳竞赛套路风格特点的文字描述。

上个世纪 80 年代中后期，随着我国太极拳运动在国内外的广泛开展，多种形式的太极拳竞赛活动应运而生。当时为太极拳适应现代体育竞赛的需要，更好地利用竞赛方式把我国的太极拳推向世界，1989 年中国武术研究院组织当时国内的著名教练员、太极拳名家和部分优秀运动员，在 48 式太极拳的基础上，创编了 42 式太极拳竞赛套路。1990 年 42 式太极拳竞赛套路被定为在北京召开的十一届亚运会武术比赛的规定内容。之后 42 式太极拳竞赛套路成为国内外武术比赛的正式项目，得到迅速推广，受到国内外众多太极拳爱好者的欢迎和参与，国内外涌现出众多 42 式太极拳竞赛套路的教练员和运动员；对太极拳走向世界发挥了重要的推动作用。42 式太极拳竞赛套路一直是国内外武术比赛或太极拳比赛的必设项目，至今拥有大量的国内外教学者和习练者。

二、42 式太极拳竞赛套路有哪些运动特色?

和 48 式太极拳相比，42 式太极拳竞赛套路为适应竞赛的需要，在创编时仍以杨式太极拳的拳势为主，更多地融进陈式、吴式、孙式太极拳的动作，虽然整体采用杨式太极拳的练习风格，但在表现陈式、吴式、孙式太极拳的动作时，更显原型动作的特色；这些各式太极拳的原形动作在各段内容中均有所安排。第一段以杨式太极拳动作为主；第二段表现孙式太极拳的跟步、吴式太极拳的平圆手法以及陈式太极拳的发力；第三段以杨式动作为主，兼有吴式勾脚尖的独立和陈式拍脚的腿法；第四段以 48 式太极拳中的第四段为主体动作，适当变化表现杨式太极拳风范。形成了汇总太极拳主要流派的综合性特点。42 式太极拳竞赛套路动作外观更加规范，全套练习可以展现出舒展大方的气韵和刚柔相济的劲力表现。

三、怎样练习 42 式太极拳竞赛套路中的“无极桩”?

“无极桩”就是 42 式太极拳竞赛套路演练之前的预备势和收势后的并步站立姿势。

桩势：两脚并步，身体自然直立；两臂沉肩下垂于体侧；重心保持在两脚之间，心静体松；目平视前方（图 5–18）。

图 5–18

要点：精神饱满，使意识和身体处于蓄而待发的最佳状态。

对初学者的作用：42 式太极拳竞赛套路是专门用于竞赛的武术套路。如果学练者是为了参加太极拳比赛，那么在演练全套动作之前和完成全套动作之后的这个并步站立姿势就十分重要。

学练者从学练初期就要重视“无极桩”的练习，可以对着镜子练习，每次 1 ~ 2 分钟。要把此式练得自己能够完全掌控自己的情绪；把即将要上场比赛的 42 式太极拳竞赛套路的全套动作胸有成竹；要能够从这一最简单的站立姿势显示出自己的个性和魅力。因为，武术对抗项目的对手就是和自己进行比赛的对方运动员；而武术套路比赛的对手就是给自己打分的裁判员。所以要在上场站立的一瞬间展现出自己的精神风貌和气质内涵，要在裁判员抬眼看到自己的瞬间，主动给出良好的第一印象，从而赢得裁判员的印象分。

《太极拳、剑竞赛规则》中规定，“运动员完成套路后，须并步收势，计时结束。再转向裁判长行注目礼，即可退场”。

学练者应明确这样一点，全套比赛的动作虽已练完，但裁判员此时并未评分，此时的注目礼仍在裁判员的评判之中。试想假如参赛者比赛的套路刚一练完，就气喘吁吁，慌忙退场，这样一定会给裁判员不良印象。因此，学练者在平时完成套路之后，要尽量抑制喘息，一定要“沉着冷静”地站立 20 ~ 30 秒，如果参赛，此时是向裁判长行“注目礼”，还没有全部完成比赛。要通过“无极桩”的练习，达到练完之后表现出更佳的精神状态。

另外，“无极桩”本身也是日常生活中的一种良好站姿。

四、怎样练习 42 式太极拳竞赛套路中的“提膝桩”？

“提膝桩”就是 42 式太极拳套路中，腿法的蹬出（蹬脚）和分出（分脚）之前的姿势。是 42 式太极拳套路中表现腿法的基础姿势。

桩势（以左脚独立的姿势为例）：左腿自然直立；右腿屈膝上提成独立步；上体正直；双臂屈肘合抱于胸前，两手腕相交叉，右手在外，掌心斜向内；头略右转，目平视前方(图 5–19)。

图 5–19

要点：放松独立，提起腿的膝关节尽量高提，松肩撑臂。

对初学者的作用：42 式太极拳竞赛套路是专门用于竞赛的武术套路，因此内容要表现出一定的动作难度。所以在 42 式太极拳全套动作中，腿法和独立的动作就有第 16 式“右左蹬脚”、第 20 式“独立打虎”、第 21 式“右分脚”、第 23 式“左分脚”、第 24 式“转身拍脚”、第 28 式“左右金鸡独立”、第 31 式“独立托掌”、第 37 式“退步跨虎”、第 38 式“转身摆莲”，共 9 个。都是单腿独立，另一腿需要慢速伸展或上提的腿法。这对于有一定基础的学练者来讲都是有难度的。因此，“提膝桩”的姿势就是完成好独立步和蹬、分、摆等腿法的重要前提。初学 42 式太极拳竞赛套路之前和学练过程中都要注意经常练习“提膝桩”，从中找到自己单腿平衡的感觉，提高对摆动腿的控制能力，尽量提高难度动作的得分水平。

五、怎样练习 42 式太极拳竞赛套路中的“仆步桩”?

“仆步桩”就是 42 式太极拳套路中第 27 式“单鞭下势”的结束姿势。是 42 式太极拳套路中两腿高度最低的姿势。

桩势（以右腿屈蹲的姿势为例）：右腿屈蹲；左腿直膝侧伸，脚尖内扣，全脚掌着地成仆步；上体自然直立；双手成掌，左臂侧伸于左腿内侧，掌心向外，拇指向上；右臂屈肘于左掌后，掌心向内，拇指向上；头略左转，目视左掌（图 5–20）。

图5-20

要点：右腿要尽量屈蹲，臀部要靠近脚跟；左腿的膝关节要伸直；左脚的外沿不能拔起。

对初学者的作用：虽然在 42 式太极拳竞赛套路中只有第 27 式“单鞭下势”和第 35 式“穿掌下势”两个仆步的姿势，但和全套动作中 9 个单腿独立或慢速上踢的腿法在一起，就可起到反差对比的表现作用。仆步越低，腿法越高，说明演练者的技术功底和演练水平就越高。初学 42 式太极拳竞赛套路之前和学练过程中都要注意经常练习“仆步桩”。从中加大自己两腿下蹲的幅度和提高两腿低姿平稳运动的能力。

六、练习 42 式太极拳中的站桩有哪些注意事项？

42 式太极拳竞赛套路是用于竞赛的武术套路，所以在 42 式太极拳全套动作中选用“无极桩”“提膝桩”“仆步桩”这三个桩式。目的就是通过这三个桩式的练习，达到演练时能表现出内在精神和动作难度的点缀作用。达到出场就有吸引力，高就是要尽量展示高度，低就是要尽量追求低的效果。当然 42 式太极拳竞赛套路中的每个动作都十分重要和有相互的连带关系。

另外，作为初学者，平时还要加强相应的腿部柔韧性功法练习。

七、42式太极拳竞赛套路中有哪些核心动作需要重点练习?

初步熟练42式太极拳的全套动作之后，要对以下各组动作进行单独的反复练习，可以尽快提高学练者的技术水平。

（一）捋挤势。

（二）左右搂膝拗步。

（三）左单鞭—提手—白鹤亮翅。

（四）右左蹬脚—掩手肱捶—野马分鬃。

（五）独立打虎—右分脚—双峰贯耳—左分脚—转身拍脚。

（六）独立托掌—马步靠—转身大捋—歇步擒打。

（七）退步跨虎—转身摆莲—弯弓射虎。

第六章 “五式传统太极拳竞赛套路”与站桩练习

为什么在此用“五式传统太极拳竞赛套路”之名冠以本章。因为我国公认太极拳的五大流派，以传承顺序是陈式、杨式、吴式、武式、孙式，是各自具有明显技术风格特点的五个太极拳流派。80年代末期，中国武术研究院为太极拳适应现代体育竞赛的需要，更好地利用竞赛方式把我国的太极拳推向世界，组织了当时国内的著名教练员、太极拳名家和部分优秀运动员，于1989年创编杨式、陈式、吴式、孙式四式太极拳竞赛套路，1995年创编了武式太极拳竞赛套路。作为都是国家政府行为创编的“传统太极拳竞赛套路”，为后面叙述方便，忽略创编的时间不同，在此总冠名“五式传统太极拳竞赛套路”。

第一节 “五式传统太极拳竞赛套路”中的动作同名现象

陈式、杨式、武式、吴式、孙式太极拳是我国太极拳的五大流派。“五式传统太极拳竞赛套路”是国家组织当今的太极拳专家和各式传人在传统太极拳套路的基础上创编而成的，可以说每个动作都是从传统太极拳中精心提炼出来的，是其中有代表性的精品动作，具有权威性。我们研究中发现，在“五式传统太极拳竞赛套路”的传统动作名称中，存在着很多同名不同动作的现象。这种现象我们觉得颇有意味，就粗略地进行了统计。在这五个太极拳竞赛套路中，动作名称相同而动作完全不同的拳势就有数十个之多。我们对此进行归纳整理，既给读者朋友展示国家创编和推广的太极拳之丰富内容，同时也为我们从中精选站桩姿势，提供了选择的依据。

一、五个套路中有哪些动作同名？

五个传统太极拳竞赛套路中都用同样动作名称表述自己动作的，有起势、收势、野马分鬃、白鹤亮翅、单鞭（孙式还有左单鞭、右单鞭、斜单鞭）、云手、搬拦捶、倒卷肱、高探马、闪通背、穿梭、金鸡独立、蹬脚、转身摆莲、上步七星、退步跨虎，共16个。

二、四个套路中有哪些动作同名？

四个太极拳竞赛套路中都用同样动作名称表述自己动作的，有肘底捶、指裆捶（还有相近的回身指裆捶、上步指裆捶、跳步指裆捶等）、搂膝拗步、手挥琵琶、下势、提手上势、如封似闭、拍脚、分脚、弯弓射虎10个。

三、三个套路中有哪些动作同名？

三个太极拳竞赛套路中都用同样动作名称表述自己动作的，有揽扎衣、肘底捶、翻身二起脚、左右伏虎式（披身伏虎）、左右披身伏虎，共5个。

四、两个套路中有哪些动作同名？

两个太极拳竞赛套路中都用同样动作名称表述自己动作的，有揽雀尾、抱虎推山、青龙出水、双峰贯耳、海底针、双撞捶、斜飞式、践步打捶、十字拍脚、十字手，共 10 个。

五、杨式太极拳竞赛套路中有哪些独有动作名称？

杨式太极拳竞赛套路中的独有动作名称最少，仅有白蛇吐信 1 个。

六、陈式太极拳竞赛套路中有哪些独有动作名称？

陈式太极拳竞赛套路中独有的动作名称最多，有金刚捣碓、六封四闭、护心捶、斜行拗步、提收、前趟、掩手肱拳、披身捶、背折靠、斩手、翻花舞袖、海底翻花、连珠炮、白猿献果、双推手、中盘、前招、后招、摆莲跌叉、退步压肘、擦脚、蹬一跟、海底翻花、击地捶、双震脚、顺鸾肘、裹鞭炮、雀地龙、当头炮，共 29 个。

七、吴式太极拳竞赛套路中有哪些独有动作名称？

吴式太极拳竞赛套路中独有的动作名称有撇身捶、退步跨虎、迎面掌、搂膝栽捶、退步打虎、退步搬拦捶等 6 个。

八、孙式太极拳竞赛套路中有哪些独有动作名称？

孙式太极拳竞赛套路中的独有动作名称有开手、合手、云手下势、活步懒扎衣、单鞭下势、阴阳合一，共 6 个。

九、武式太极拳竞赛套路中有哪些独有动作名称?

武式太极拳竞赛套路中的独有动作名称有对心掌、按势、青龙出水、转身十字摆莲，共4个。

十、怎样看待同名不同动作的现象?

有史以来，由于武术（太极拳）的内容深奥繁杂，以及文字、图示、录像等描述手段和工具对表达身体动作内涵的局限性，所以从古至今在武术（太极拳）的文字材料、书籍、教材中只能记录其套路的动作名称和简单的动作过程；简单汇总动作要点和进行宏观提示；仅能表述套路动作的主要轮廓和最基本的要求，无法做深层次和更为详尽的表述。而具体的技术细节和内涵、特色等，只能靠读者自己凭着练习的体会和习武阅历去领悟。因此，逐渐出现同一个套路不同师承，不同人练习就会表现出比较明显的差异，并且经常处于各自都有道理的状况。这种现象不仅在太极拳领域从古至今同样普遍存在，在国内外的民族传统体育、艺术、医术中也同样存在。

“同名”就说明各派太极拳的技术是同源的，同源就是具有共同的根源，就是具有共同的技术主干。我们在观看五个太极拳竞赛套路演练时，可以发现其共同具备的共性外观特点。

第一，在身体动作符合各自动作规格的前提下，始终保持放松自然的连贯运动状态。

第二，上肢动作保持自然微屈的姿态和沿圆运动的状态。

第三，下肢的大部分动作要保持同一高度的屈蹲和处于虚实分明的运动状态。

太极拳套路的内在表现就不容易看到了，但是我们可以通过演练者的表情，感到其内在精神是否充沛，攻防意识是否在沉稳的基础上逼真；通过演练者的呼吸和动作的配合，我们可以看到其是否“气”与“力”相合。可以说这些共性的特点来源于人的共同结构和对武术技击的共同追求。

动作的不同显出各自的特色，同时也说明各式太极拳存在个性的要领。如果从太极拳的动作要领和内在要求来看，每个太极拳套路的动作差异则更大。但各式必须具备的自己的特性，才能称之为某某式。陈、杨、吴、武、孙各式太极拳的传承关系和太极拳的复杂内涵，使各式太极拳的身体动作明显不同。“动作完全不同”就是在相互传承的同时，不断按照自己对太极拳的理解而对太极拳进行着改造。同时也进一步证明着不同流派太极拳在本质上存在各自的特色。这是太极拳的传统文化现象。

国家创编和推广的太极拳套路，其可持续性发展确实需要更具体的创新练法和更清晰的释疑。使国家创编和推广的太极拳更让学练者觉得趣味无限。

第二节　每个传统太极拳竞赛套路的特色与站桩

在本节中我们向读者朋友介绍每式传统太极拳和传统太极拳竞赛套路的特色，同时还介绍我们在教学这些套路时所选择的便于初学者尽快掌握特色的站桩姿势。以使读者进一步了解每式太极拳竞赛套路，为教学者提供参考。

下面我们依据《四式太极拳竞赛套路》中的排序和《武

式太极拳竞赛套路》的出版时间进行依次介绍。

一、杨式太极拳竞赛套路的特色与站桩

（一）杨式太极拳有哪些运动特色？

杨式太极拳的创始人为杨福魁(1799—1872)，字露禅，河北省广平府永年县人。杨露禅年轻时曾从师于河南陈家沟的陈长兴，学习陈式老架太极拳。以后到北京，曾任旗营武术教师，因学习者中多清代王公子弟，他们多体质较弱，难以练习陈式老架太极拳中的发劲、震脚和纵跳动作，杨露禅遂将这些内容去掉，摸索出了一套架式舒展、劲力柔和的拳术。当时曾有人称之为“化拳”或“绵拳”。后经其子杨健侯和其孙杨澄甫的陆续修改定型，逐步形成了今天所见的动作匀缓柔和的“杨式大架子拳”，即现在流行最广的杨式太极拳。

传统杨式太极拳的主要特点是姿势舒展端正，动作匀缓柔和，轻灵沉着，刚柔内含。主要技法有掤、捋、挤、按、采、挒、肘、靠等。主要的套路有 88 式、108 式、128 式和 148 式等。杨澄甫将杨式太极拳的技法总结为十要（虚灵顶劲，含胸拔背，松腰，分虚实，沉肩坠肘，用意不用力，上下相随，内外相合，相连不断，动中求静）。在练法上讲究由松入柔，积柔成刚。功架有高、中、低之分。

杨式太极拳适应的习练人群广泛，中老年人尤其适合习练。对于患有慢性疾病的老年人有祛病、康复、强身之用。亦可作为中年人每日必练的“保健体操”。

（二）杨式太极拳竞赛套路有哪些运动特色？

杨式太极拳竞赛套路是用于武术比赛的传统太极拳套路。

“舒展中正，柔中寓刚，圆活饱满，沉稳浑厚”是1993年版《太极拳剑竞赛规则》中专门对杨式太极拳竞赛套路风格特点的文字描述。

杨式太极拳竞赛套路是1988年国家体委武术研究院组织太极拳名家、教练员、运动员等有关专家，依据传统性、科学性、竞赛性的原则，以及《武术运动竞赛规则》中的规范、组别、时间、场地中的布局、动作难度等相关要求，在传统杨式太极拳技术动作的基础上创编而成。是当时编制的“四式太极拳竞赛套路”之一。由北京体育大学的张文广教授示范并制成图像。

杨式太极拳竞赛套路包括起势和收势共有40个动作，为了避免传统套路中动作重复的现象，使习练者能协调地全面锻炼，新增了一些对应的左侧拳势，在套路中体现动作的对称性。全套演练杨式太极拳竞赛套路时，可以展现出拳势中正大方、柔缓圆活、匀速连贯、轻灵沉稳等风格特点，是传统杨式大架太极拳的推新制作。1989年，杨式太极拳竞赛套路被国家体委武术研究院列为全国太极拳、剑、推手比赛大会的比赛项目。之后逐步成为国内外各级各类武术比赛和太极拳比赛的必备项目。同时推动了传统杨式太极拳的广泛开展。

（三）杨式太极拳竞赛套路中的“单鞭桩”？

“单鞭桩”就是杨式太极拳竞赛套路中“单鞭”的结束姿势。是身体重心前移，上肢动作舒展的代表。

桩势（以左脚在前的姿势为例）：两脚前后开立，两脚左右之间约一竖脚宽；左腿屈膝下蹲主要支撑体重，脚尖向前，微内扣；左腿自然蹬直，全脚掌着地，脚尖向前45°，成弓步；上体正直右转；左臂前伸，左手成立掌，手腕与肩同高；右臂向右斜后方伸出，右手成勾手，勾尖向下；目视左掌方向（图 6–1）。

图 6–1

要点：上体正直，松腰沉髋，顶头沉肩，两臂肘关节自然微屈。

对初学者的作用："单鞭"在杨式太极拳竞赛套路的全套动作中出现 3 次。是"提手上势"、"云手"、"左下势"之前的衔接动作。

初学者练习"单鞭桩"，可以体验杨式太极拳竞赛套路中最开展的身体姿势。使初学者固定顺弓步的规格，确定双手同时在身前身后姿势的方位和幅度。对于掌握套路中其他方位的手法具有定标的作用。教学者要强调整体姿势立身中正，舒松自然，右脚全脚掌着地，脚跟要有蹬伸意识。

（四）杨式太极拳竞赛套路中的"扶按桩"？

"扶按桩"就是杨式太极拳竞赛套路中第二式"揽雀尾"

中“按”的过渡姿势。是杨式太极拳竞赛套路中身体重心后移，上体和两臂舒松的姿势代表。

桩势（以右脚在前的姿势为例）：两脚前后开立，两腿屈膝下蹲，身体重心偏放于左腿；右腿自然屈膝，右脚全脚掌着地；上体正直略左转；双手成掌屈臂收在胸前，掌指向上，掌心向前；目平视双掌方向（图 6–2）。

图 6–2

要点：身体重心尽量移至左腿，沉髋松腰，沉肩垂肘。

对初学者的作用：杨式太极拳竞赛套路中做“按”的动作时，前脚的脚尖不抬起来。这一点有别于 24 式、88 式、48 式、42 式等“新派太极拳”。对于初学者，不抬脚尖的“按”比抬脚尖的“按”要难，因为不抬脚尖的“按”时，身体重心后移的幅度小，加之初学者腿部力量不足，很容易出现身体重心后移不明显和上体前俯的现象。因此，学练杨式太极拳竞赛套路之前和学练的过程中，经常站“扶按桩”，可以在增强腿部力量的同时，形成身体重心后移的意识和幅度。对其他蓄劲的动作有良好的迁移作用。

另外，“扶按桩”本身就是一个自然舒适的身体姿势。

（五）杨式太极拳竞赛套路中有哪些核心动作需要重点练习？

初步熟练杨式太极拳竞赛套路的全套动作之后，要对以下各组动作进行单独的反复练习，可以尽快提高学练者的技术水平。

1. 左右搂膝拗步。

2. 左右野马分鬃。

3. 左右倒卷肱。

4. 白鹤亮翅—搂膝拗步（三）—手挥琵琶。

5. 肘底捶—倒卷肱（二）—左右穿梭—左右野马分鬃。

6. 右蹬脚—双峰贯耳—左分脚—转身右蹬脚。

7. 退步跨虎—转身摆莲—弯弓射虎。

二、陈式太极拳竞赛套路的特色与站桩

（一）陈式太极拳有哪些运动特色？

陈式太极拳为太极拳系中的创始拳派。陈式太极拳的创始者是河南温县陈家沟的陈氏九世祖陈王廷（1600—1680），字奏庭。陈王廷自幼习文练武承袭祖传武技，曾为“武庠生”，在明崇祯十四年（1641 年）任温县“乡兵守备”。明朝结束以后，陈王廷隐居家乡务农，“闲时造拳”教给儿孙以自娱晚年生活。

陈王廷创拳的内容主要有“太极拳五路（又名十三势），“炮捶一路”和“长拳一百八势一路”，后人称之为“陈式老架”。还有“双人推手”和“双人粘枪”等。“陈式老架”

拳势舒展低沉，刚柔相济，拳法螺旋缠绕并时有刚快发劲和纵跳震脚的动作。18世纪末，陈氏十四世陈长兴（字云亭）将原陈氏拳套路精简为“一路”和“二路（又称炮捶）”，创出拳势舒展低沉、动作柔和平稳的“太极拳大架”。后来陈长兴的族侄陈清萍在“陈氏大架”的基础上又创出一套动作小巧紧凑，逐渐加圈的拳术，后人称之为“陈式小架”。因为此拳由河南温县赵堡镇传出，所以又称“赵堡架”。近代流行的陈式太极拳主要有“陈式一路”“陈式二路”“陈式太极剑”以及“陈式太极拳推手”等。“陈式一路”在练习时要求体现出柔、缓、稳的特点，以松柔的缠丝劲为主，发劲为辅，柔中寓刚。还要求动作力求徐缓，以揣摩行气运劲。“陈式二路”在练习时要求体现出柔缠中显刚、快、脆的特点，讲究刚中寓柔，以发劲为主，并伴有窜蹦纵跳和震脚的动作。

“陈式太极剑”与陈式太极拳的运动特点相同，演练时剑法柔中寓刚，时有发劲。“陈式太极拳推手”在搭手后讲究缠绕粘随，在粘贴缠绕中运用掤、捋、挤、按等技法，随人之动，乘势借力而制胜对方。

陈式太极拳的动作复杂且运动量较大，适合年轻人、中年人和身体较好的老年人习练。老年人学习陈式太极拳时要特别注意每个拳势运行路线的来龙去脉。练习时拳架不宜太低，发劲用力要适当。

（二）陈式太极拳竞赛套路有哪些运动特色？

陈式太极拳竞赛套路是用于武术比赛的传统太极拳套路。“缠绕折叠，松活弹抖，快慢相间，蓄发互变”是1993年版《太极拳剑竞赛规则》中专门对陈式太极拳竞赛套路风格特点的文字描述。

陈式太极拳竞赛套路是 1988 年国家体委武术研究院组织太极拳名家、教练员、运动员等有关专家，依据传统性、科学性、竞赛性的原则，以及《武术运动竞赛规则》中的规范、组别、时间、场地中的布局、动作难度等相关要求，从传统陈式太极拳一路和二路的动作中选择经典拳势创编而成。由北京体育大学的阚桂香教授示范并制成图像。陈式太极拳竞赛套路更突出了陈式太极拳的缠绕折叠、松活弹抖、快慢相间、蓄发互变的运动特点，同时还增加了“掩手肱捶”、“海底翻花”、“六封四闭”、“单鞭”等陈式太极拳经典拳势的右侧动作，使拳势左右对称，促进身体均衡发展。陈式太极拳竞赛套路问世之后，吸引了众多中青年的习练者，推动了传统陈式太极拳的广泛开展。1989 年陈式太极拳竞赛套路被国家体委武术研究院列为全国太极拳、剑、推手比赛大会的比赛项目。之后逐步成为国内外各级各类武术比赛和太极拳比赛的必备项目。

（三）怎样练习陈式太极拳竞赛套路中的“单鞭桩”？

陈式太极拳竞赛套路的“单鞭桩”就是其中第五式“左单鞭”和第二十一式“右单鞭”的结束姿势。是练习陈式太极拳中的偏马步站桩。

桩势（以左单鞭为例）：两脚左右开立，脚尖自然外展，两脚之间为 3 ~ 4 横脚宽；两腿屈膝下蹲，身体重心侧偏于左腿；右腿自然侧向蹬伸成左偏马步；上体正直；左臂左斜前方平伸，立掌，手腕与肩同高；右手成勾，勾尖向下；头略左转；目平视左掌方向（图 6–3）。

图 6–3

要点：敛臂沉髋，立腰沉肩，两臂肘关节自然松沉。

对初学者的作用：从步型姿势来看，偏马步是陈式太极拳竞赛套路中的特色步型。在全套动作中有近 20 次出现在动作过程中和动作的结束姿势，这是陈式太极拳竞赛套路的身体运动方式和螺旋缠绕的特色所致。因此，在教学陈式太极拳竞赛套路之前，首先教学和组织练习“单鞭桩”，可以使初学者明确偏马步的规格，重点体验偏马步时的“裆部下沉”。同时，左掌和右勾的姿势可以使初学者明确陈式太极拳竞赛套路中手臂的基本空间位置。对于感受陈式太极拳竞赛套路的风格特色和再学习其他方位的手法具有标识的作用。教学者还可以强调和定型陈式太极拳的掌型和勾型，以及整体姿势向下的沉按之劲。

（四）怎样练习陈式太极拳竞赛套路中的“刁托桩”?

“刁托桩”就是陈式太极拳竞赛套路中第四式“右六封四闭”双按掌之前的刁托姿势。如果说“单鞭桩”是偏马步正向用劲的姿势代表，那么“刁托桩”就是陈式太极拳竞赛套路中偏马步反向用劲的姿势代表。

桩势（以左单鞭为例）：两脚左右开立，脚尖自然外展，两脚之间为 3 ~ 4 横脚宽；两腿屈膝下蹲，身体重心偏于左腿；右腿自然蹬伸成左偏马步；上体正直略左转；左臂于左斜前方伸出，左手屈腕呈刁抓手型，手腕与肩同高；右手成掌，前臂外旋上托；头略右转；目平视右掌方向（图 6–4）。

图 6–4

要点：敛臀沉髋，立腰沉肩，两臂肘关节自然松沉。

对初学者的作用：虽然步型姿势和“单鞭桩”一样都是偏马步，但在用劲方向上却是相反。这也是陈式太极拳竞赛套路中经常出现的运动方式特色，也是初学者较难掌握之处。因此，在教学陈式太极拳竞赛套路之前，首先教学和组织练习“刁托桩”，可以使初学者强化偏马步的规格，同时学习偏马步时的反向用劲和螺旋缠绕手法的另一种空间位置。另外，刁托时双手的手型也是陈式太极拳竞赛套路中“顿挫劲力”的表现所在，可以进一步感受陈式太极拳竞赛套路的手法风格特色，为再学习其他方位的手法起到标识作用。教学者可以和“单鞭桩”对比，强调偏马步的反向用劲，以及整体姿势向斜上的刁托之劲。

（五）练习陈式太极拳竞赛套路中的站桩有哪些注意事项？

在陈式太极拳竞赛套路中，偏马步和虚步、弓步出现的次数最多，套路中陈式太极拳特有连续运转的手法，也多是在这三种步型之间连续转换。因此，初学者首先应学练和掌握这两种主要步型的用劲，在此基础上再学练其他步型和内容。

练习“单鞭桩”、“刁托桩”的方法主要是站好步型后保持一定的时间。这种练习对于快速“定型”和增强必要的腿部力量是十分有效。初学者在练习初期一定要注意站桩的时间不能过长，在克服大腿肌肉酸疼的前提下，以能保持步型的正确规格为度。在此基础上再逐渐增加站桩的时间。

为适应陈式太极拳的动作特点需要，在站桩的基础上可进行左、右偏马步的反复转换和左、右虚步的反复转换练习，以及弓步和偏马步的反复转换等练习。

练习以上步型的转换和变换时，一定要注意腰胯的放松和上体的正直；身体重心在两腿之间要有下弧的平稳移动。

（六）陈式太极拳竞赛套路中有哪些核心动作需要重点练习？

初步熟练陈式太极拳竞赛套路的全套动作之后，要对以下各组动作进行单独的反复练习，可以尽快提高学练者的技术水平。

1. 右金刚捣碓—揽扎衣—右六封四闭—左单鞭。

2. 右掩手肱捶—披身捶—背折靠—青龙出水。

3. 高探马—右连珠炮—左连珠炮—闪通背。

4. 前招—后招—右野马分鬃—左野马分鬃—摆莲跌叉。

5. 倒卷肱—退步压肘—擦脚—蹬一跟—海底翻花。

6. 双震脚—蹬脚—玉女穿梭—顺鸾肘。

三、吴式太极拳竞赛套路的特色与站桩

（一）吴式太极拳有哪些运动特色？

吴式太极拳的创始人为清末河北省大兴县满族人全佑（1834—1902）。全佑最早从师于杨露禅学习“大架子拳”，后又从师于杨露禅之子杨班侯，主要学习“小架子拳”，并把二者相互融合修润，擅长“拳劲柔化”。全佑之子吴鉴泉（1870—1942），又名爱绅。自幼随父亲学习太极拳，擅长小架太极拳。1921 年吴鉴泉受聘于北京体育研究社，在任教期间去掉小架太极拳中的发劲、跳跃与重复动作，突出轻柔、缓慢、圆活、连绵的运动特点，创编成现在流行较广的吴式太极拳。

和杨式太极拳相比，近代流传较广的是吴鉴泉所创的吴式太极拳，具有拳势小巧灵活，势正招圆，舒松自然，拳架由开展而紧凑，紧凑中具舒展的特点。吴氏太极拳推手时动作严密细致，守静而不妄动，亦以柔化见长。吴式太极拳除在国内广为流行以外，还在美国和东南亚一带颇为盛行。吴式太极拳颇适中老年人健身之用。

（二）吴式太极拳竞赛套路有哪些运动特色？

吴式太极拳竞赛套路是用于武术比赛的太极拳套路。“轻静柔化，紧凑舒伸，川字步型，斜中寓正”是 1993 年版《太极拳剑竞赛规则》中专门对吴式太极拳竞赛套路风格特点的

文字描述。

吴式太极拳竞赛套路是1988年国家体委武术研究院组织太极拳名家、教练员、运动员等有关专家，依据传统性、科学性、竞赛性的原则，以及《武术运动竞赛规则》中的规范、组别、时间、场地中的布局、动作难度等相关要求，在传统吴式太极拳技术动作的基础上创编而成。是当时编制的“四式太极拳竞赛套路”之一。由北京吴式太极拳第四代传人李秉慈先生示范并制成图像。

吴式太极拳竞赛套路包括起势和收势共有45个动作，为使习练者能得到协调全面的锻炼，增添了揽雀尾、右单鞭、海底针、闪通背、下势等拳势的另一侧身体动作，易使学练者在练习套路的过程中得到左右对称的锻炼。

全套演练吴式太极拳竞赛套路时，可以展现出拳势紧凑、松静轻灵、圆活连贯等风格特点，是传统吴式太极拳的推新制作。1989年吴式太极拳竞赛套路被国家体委武术研究院列为全国太极拳、剑、推手比赛大会的比赛项目。之后逐步成为国内外各级各类武术比赛和太极拳比赛的必备项目。同时推动了传统吴式太极拳的广泛开展。

（三）怎样练习吴式太极拳竞赛套路中的“单鞭桩”？

吴式太极拳竞赛套路的“单鞭桩”就是其中第三式“左单鞭”和第十二式“右单鞭”的结束姿势。是练习吴式太极拳中的马步站桩。

桩势（以左单鞭为例）：两脚左右开立，屈膝下蹲，脚尖自然外展，身体重心放在两腿中间成马步；上体正直后靠；左臂左斜前方平伸，立掌，手腕与肩同高；右手成勾，勾尖向下；头略左转；目平视左掌方向（图6–5）。

图 6–5

要点：虚领顶劲，空松轻灵，圆活沉稳，两臂肘关节自然松沉。

对初学者的作用：杨式、陈式、武式太极拳竞赛套路中的单鞭全是弓步，孙氏太极拳的单鞭是横裆步，身体重心都是偏于一腿。唯有吴式太极拳中的单鞭是身体重心放在两脚之间的马步。对于以“斜中寓正”为运动特色的吴式太极拳来讲，初学者先掌握身体重心中正的姿势是十分必要的。教学者还可以强调和吴式太极拳的掌型和勾型的定型，以及整体姿势规律性要求。

（四）怎样练习吴式太极拳竞赛套路中的“搂推桩”？

“搂推桩”就是吴式太极拳竞赛套路中第六式“左右搂膝拗步”的结束姿势。是吴式太极拳竞赛套路中搂推姿势的代表。

桩势（以左脚在前的姿势为例）：两脚前后开立，两脚之间约一竖脚宽；左腿屈膝下蹲主要支撑体重，脚尖向前，微内扣；右腿自然蹬直，全脚掌着地，脚尖向前 45°，成弓步；上体正直左转；右掌前伸，手腕同肩高，掌指向上成推掌姿势；左臂下垂体侧，左掌置于左髋前；目平视右掌方向（图 6–6）。

图 6–6

要点：转腰沉髋，两肩松沉，两肘微屈。

对初学者的作用：在吴式太极拳竞赛套路中，与“搂推桩”完全一样的姿势，除“左右搂膝拗步”的结束姿势之外，还有“左右倒卷肱”的结束姿势；与“搂推桩”近似的姿势，如“进步搬拦捶”、“玉女穿梭”的结束姿势；另外还有多处与此相近的过渡姿势。因此，“搂推桩”的练习，除了让初学者掌握吴式太极拳竞赛套路的拗弓步之外，还可以说是掌握了吴式太极拳竞赛套路的核心运动方式。对于初学者而言，提前定位便于初学者掌握吴式太极拳的运动特点，尽快做出正确的动作。

（五）练习吴式太极拳竞赛套路中的站桩有哪些注意事项？

吴式太极拳“斜中寓正”的动作特色明显，一般的初学者学练是有难度的。初学者学练吴式太极拳竞赛套路时，除了要站“单鞭桩”和“搂推桩”之外，还可以选用其他自己喜欢的姿势，或自己很难掌握的姿势进行站桩练习，予以强化。但不论是站“搂推桩”，还是选练其他桩势，“斜中寓正”这一吴式太极拳的主要特点是要时刻注意的。所谓“斜中寓正”，从身体姿势上来讲，主要注意两点：第一是身体重心要侧偏于一腿，如左弓步的身体重心要明显侧偏于左腿。第二是上体不同于杨式太极拳的中正，而是微向前倾，这和吴式太极拳的两脚之间步幅较小有关。初学者学练时尤其要注意。

（六）吴式太极拳竞赛套路中有哪些核心动作需要重点练习？

初步熟练吴式太极拳竞赛套路的全套动作之后，要对以下各组动作进行单独的反复练习，可以尽快提高学练者的技术水平。

1. 起势—右揽雀尾—左单鞭。

2. 左右搂膝拗步—手挥琵琶—进步搬拦捶。

3. 金鸡独立—左右倒卷肱—右海底针—左闪通背。

4. 左右野马分鬃—玉女穿梭。

5. 右高探马—右分脚—左分脚—退步打虎—右蹬脚—双峰贯耳。

6. 退步跨虎—左迎面掌—转身摆莲—弯弓射虎。

四、孙式太极拳竞赛套路的特色与站桩

（一）孙式太极拳有哪些运动特色？

孙式太极拳的创始人为清末河北完县人孙禄堂（1861—1932）。孙禄堂早年练习形意拳和八卦掌，造诣颇深。50岁

时他向郝为真（1849—1920，武式太极拳传人）学习并开始专攻太极拳。以后他把形意拳、八卦掌和武式太极拳的各家之长融为一体，在武式太极拳基础上，综合形意拳进步必跟、退步必撤的步法特点和八卦掌拧旋敏捷的身法特点，以及形意拳、八卦掌的特色手法，创编了架高步活的孙式太极拳，共 95 式。孙式太极拳的特点是迈步必跟，退步必撤，进退相随，圆活舒展，敏捷自然；转变方向时多以开、合相接，多以“开合手”的动作来转变套路方向，故又被人称之为“开合太极拳”。另外，孙式太极拳吸收了形意拳的理论，动作中又多用形意拳的跟步，故亦有人称之为“形意太极拳”或“活步太极拳”。

孙式太极拳推手时动作严密细致，守静而不妄动，亦以柔化见长。孙式太极拳在国内外广为流行。因架高步活更适合中老年人健身之用。

（二）孙式太极拳竞赛套路有哪些运动特色？

孙式太极拳竞赛套路是用于武术比赛的太极拳套路。“开合相接，转换灵活，进跟退撤，身到意合”是 1993 年版《太极拳剑竞赛规则》中专门对孙式太极拳竞赛套路风格特点的文字描述。

孙式太极拳竞赛套路是 1988 年国家体委武术研究院组织太极拳名家、教练员、运动员等有关专家，依据传统性、科学性、竞赛性的原则，以及《武术运动竞赛规则》中的规范、组别、时间、场地中的布局、动作难度等相关要求，在传统孙式太极拳技术动作的基础上创编而成。是当时编制的“四式太极拳竞赛套路”之一。

孙式太极拳竞赛套路包括起势和收势共有个 73 个动作。

全套演练孙式太极拳竞赛套路时，可以展现出开合相接、转换灵活、进跟退撤、身到意合等风格特点。1989 年孙式太极拳竞赛套路被国家体委武术研究院列为全国太极拳、剑、推手比赛大会的比赛项目，之后逐步成为国内外各级各类武术比赛和太极拳比赛的必备项目，同时推动了孙式太极拳在国内外的广泛开展。

（三）怎样练习孙式太极拳竞赛套路中的“单鞭桩”？

孙式太极拳竞赛套路的“单鞭桩”就是其中“左单鞭”和“右单鞭”的结束姿势，在孙式太极拳竞赛套路中多次出现。是孙式太极拳中身体侧向最舒展的横裆步姿势。

桩势（以左单鞭的姿势为例）：两脚左右开立屈蹲，脚尖自然外展，身体重心偏重于左腿成横裆步；上体正直；两臂在身前侧伸，掌心向外，立掌，掌指高与眼平；目视右掌（图 6–7）。

图 6–7

要点：沉髋沉肘，两掌自然推撑。

对初学者的作用：对比其他各式太极拳的单鞭结束姿势，孙式太极拳单鞭的两腿姿势是侧向的横裆步，上肢姿势是两侧对称的分掌，展现着孙氏太极拳动作中的开展特点。初学者学习之前通过此式站桩，可以领略孙式太极拳的风貌，在步型、身型、手臂姿态等方面定型，为继续学练奠定基础。

（四）怎样练习孙式太极拳竞赛套路中的“前推桩”？

孙式太极拳竞赛套路的“前推桩”就是其中“懒扎衣”和“左懒扎衣”的结束姿势，在孙式太极拳竞赛套路中多次出现，是练习孙式太极拳中前推动作的终点，对掌握其他单掌和双掌的前推有直接的迁移作用。

桩势（以右脚在前的姿势为例）：右脚尖向前，右腿屈蹲支撑身体重心；左脚跟与右脚跟相距约 10 厘米，前脚掌着地，脚尖外展；上体左转；两臂微屈，右掌推出，掌心向前，掌指向上；左掌扶于右腕，掌心向下；目视右掌推出方向（图 6–8）。

图 6–8

要点：右腿沉实支撑，两臂沉肩垂肘。

对初学者的作用：两腿屈蹲不深，前进时后脚跟步，退步时前脚撤步，这是孙式太极拳竞赛套路中经常出现的脚步动作，再配合不同的手法，表现着孙式太极拳的运动特点。“前推桩”的姿势是孙式太极拳中顺步前推（同侧手脚在前）动作的终点。初学者在学习初期用此姿势定型，不仅可以对顺步手法有直接的作用，同时对掌握其他单掌和双掌向前的手法亦有直接的迁移作用。

（五）练习孙式太极拳竞赛套路中的站桩有哪些注意事项？

初学者学练孙式太极拳竞赛套路时，除了要站“单鞭桩”和“前推桩”之外，还可以选用后腿支撑身体重心的姿势进行站桩练习，如“如封似闭”的开始姿势、“闪通臂”的结束姿势等。目的就是掌握其中的姿势经典，尽快领悟其中的孙式太极拳的风格特点。另外，还可以针对自己难掌握的姿势进行站桩练习，予以强化。

“前推桩”对初学者十分重要。因为孙式太极拳的脚步动作可以说是形意拳蕴含其中的主要表现。是在脚步运动的同时运行上肢太极拳的手法，所以脚步向前的止点十分重要，标志着向前击打手法的最后着力，所以要平稳沉实，用站桩强化。

（六）孙式太极拳竞赛套路中有哪些核心动作需要重点练习？

初步熟练孙式太极拳竞赛套路的全套动作之后，要对以下各组动作进行单独的反复练习，可以尽快提高学练者的技术水平。

1. 起势—揽扎衣—开手—合手—单鞭。

2. 手挥琵琶—进步搬拦捶—如封四闭—抱虎推山。

3. 肘底看捶—左倒卷肱—右倒卷肱—左搂膝拗步—左揽扎衣。

4. 高探马—左分脚—右分脚—践步打捶—翻身二起。

5. 左云手—云手下势—金鸡独立—闪通背。

6. 玉女穿梭—高探马—十字拍脚—上步指裆捶。

五、武式太极拳竞赛套路的特色与站桩

（一）武式太极拳有哪些运动特色？

武式太极拳的创始人为清末河北永年县人武禹襄（1812—1880）。武禹襄曾随杨露禅、陈清萍等人学习陈氏老架和新架太极拳。他在此基础上融自己所悟创造了武式太极拳。后经李亦畬（1832—1892）和郝为真（1849—1920）等人的修定，使之更具特色和适合中老年人习练。武式太极拳的动作简洁紧凑、架势小巧。进退旋转时，能始终保持中正，迈步时，脚尖先着地，然后再脚跟着地至放平全足；弓步前腿膝盖不超过脚尖，后腿不挺直拔高；出手不超过足尖，收手不紧贴身体，左右手各顾半身。其拳势讲究拳势朴实、重意不重形、内气推动身躯，起、承、开、合要连贯顺随，并要求“以心行气，以气运身，意动身随，意动气随，意到气亦到”，以使意、气、势三者合一。据传此拳民国初年传入北京（有记载说郝为真传给孙禄堂，孙禄堂之后融自己之长创孙式太极拳），后又传至上海、南京等地。

（二）武式太极拳竞赛套路有哪些运动特色？

武式太极拳竞赛套路是1995年国家体委武术研究院组织太极拳名家、教练员、运动员等有关专家，依据传统性、科学性、竞赛性的原则，以及《武术运动竞赛规则》中的规范、组别、时间、场地中的布局、动作难度等相关要求，在传统武式太极拳的基础上创编而成，是用于武术比赛的太极拳套路。

武式太极拳竞赛套路问世之后，武术运动管理中心曾于1996年和1997年举办两次全国武式太极拳竞赛套路教练员培训班；1997年9月在辽宁沈阳举办了全国武式太极拳邀请赛；1998年将武式太极拳竞赛套路列为全国武术锦标赛太极拳、剑、推手竞赛中的正式比赛项目。武式太极拳竞赛套路的创编和推广，不仅增添了传统太极拳的竞赛套路，对武式太极拳的发展更起到了重要的推动作用。

（三）怎样练习武式太极拳竞赛套路中的“单鞭桩”？

武式太极拳竞赛套路的“单鞭桩”就是其中第三式“左单鞭”和第十四式“左单鞭”“右单鞭”的结束姿势，是武式太极拳中左右最开展的身体姿势。

桩势（以左脚在前的姿势为例）：两腿前后分开成弓步；上体正直，沉髋顶膝；左臂沉肘前伸，左掌指尖与鼻同高，右臂自然侧伸，右掌手腕与肩同高；目视左掌方向（图6–9）。

要点：两肩关节要松沉，整体姿势自然、含蓄、舒展。

图 6–9

对初学者的作用：武式太极拳竞赛套路的第一段和第二段主要以最具武式太极拳风格特点的基本动作组成。“左单鞭”和“右单鞭”是这两段之中的开展之势。初学者学练时要注意弓步的前后距离不要太大，以自然站立弓步的距离为佳；同时上体有微向后靠之劲，因为从整体动作的外观上来看，武式太极拳的整体动作幅度小于其他各式；还要有前脚可随时转动的意识（武式太极拳转身时，大部分动作是以实脚为轴）。双手的姿势幅度也有同样的要求，在双手自然推撑的同时，还要有“两手各管半个身体”的意识，此为武式太极拳的特点之一。初学者学练时尤其要加以注意。

（四）怎样练习武式太极拳竞赛套路中的“蓄势桩”？

武式太极拳竞赛套路的“蓄势桩”就是其中第二式“右左懒扎衣”中“左懒扎衣”和“右懒扎衣”的第一个分解姿势。是武式太极拳中动作幅度最小、收蓄待发的身体姿势。

桩势（以左脚在前的姿势为例）：两腿屈膝下蹲，右腿支撑身体重心，左脚尖于右脚内侧点地；上体右转；两臂下垂，前臂屈收，右掌收于右腰侧，掌心向里，指尖向斜下，左掌置于左腹前，掌心向右前方，指尖斜向上；目视左前方（图 6–10）。

图 6–10

要点：两脚虚实分明，身体沉稳，松肩顶头。

对初学者的作用：武式太极拳的整体动作幅度小于其他各式太极拳，所以完成每个动作时的身体后移幅度就十分重要。因为身体重心由后向前或由前向后之间的幅度涉及到所产生的劲力和技击效果，初学者在站“蓄势桩”时尤其要关注此点。

（五）练习武式太极拳竞赛套路中的站桩有哪些注意事项？

武式太极拳竞赛套路在创编时既保留了武式太极拳流传下来的技术风格，又不拘泥原生态的动作原型和套路结构。其中第一段以展现武式太极拳风格特点的基本动作为主（两手各管半个身体，出手不过足尖，起承开合等技法特点）。第二段中展现武式太极拳变换方位时的转换技法（转身换势实脚转动），并用屈伸性腿法表现身体的平衡控制能力。第三、四段根据竞赛的需要展现难度，融有起伏窜跳、击拍和直摆腿法、发劲等动作，是武式太极拳的创新之作。

初学者在站“单鞭桩”和“蓄势桩”时要领悟上述武式太极拳竞赛套路的特色所在，首先在意识上区别“四式太极拳竞赛套路”中的动作形态，并在动作细节上予以表现。

（六）武式太极拳竞赛套路中有哪些核心动作需要重点练习？

初步熟练武式太极拳竞赛套路的全套动作之后，要对以下各组动作进行单独的反复练习，可以尽快提高学练者的技术水平。

1. 起势—左右揽扎衣—左单鞭。
2. 左右搂膝拗步—进步左搬拦捶—白鹤亮翅—抱虎推山。
3. 右单鞭—右云手—玉女穿梭。
4. 高探马—左右分脚—转身右蹬脚—按势。
5. 左下势—左金鸡独立—右下势—右金鸡独立。
6. 青龙出水—左拍脚—转身十字摆莲—跳步指裆捶。

第七章　32 式太极剑和 42 式太极剑竞赛套路中的站桩练习

在本章中我们向读者朋友介绍 32 式太极剑和 42 式太极剑竞赛套路的运动特色，同时还介绍我们在教学这两个套路时所选择的便于初学者尽快掌握的站桩姿势，以使读者加深了解，为教学者提供参考。

32 式太极剑是现在很多中老年人经常练习的健身套路，也是中老年人经常参加的武术器械比赛项目。42 式太极剑竞赛套路既是用于武术运动员比赛的套路，也是现在很多中老年人经常练习的健身套路。经常练习太极剑，在掌握基本剑法和提高身体灵敏性的同时，还可以得到几点独到益处。

第一，练习太极剑的各种剑法时，不同剑法的动作大于生活中使用器具的难度，可以使两臂和双手的运动幅度和力度得到充分锻炼，保持两臂和双手的正常徒手活动和持重能力。维护必需的生活能力。

第二，人进入中老年阶段，不仅手指、手腕、肘关节、肩关节最容易出毛病。而且对手与所要拿的东西之间的距离也会判断不准。这也是大脑和手臂功能退化的现象之一。手持太极剑就等于延长了手臂，大脑支配手使用剑，可以提高大脑的支配能力和使用手臂的准确度，预防因判断不准而造成的伤害。

第三，如果中老年人的手指、手腕、肘关节、肩关节受过伤或有过慢性疼痛等不适，把练习太极剑作为手臂关节韧带肌肉损伤后的恢复锻炼就最适宜了。因为在练习太极剑的过程中，可以促进手臂肌肉的血液循环，恢复关节的运动幅度、增加手臂的用力程度。

练习太极剑之前还要注意适当做一下手腕和手臂的绕环、抡转等准备活动，避免手腕和肩肘关节受伤。

第一节 32 式太极剑中的站桩练习

一、32 式太极剑有哪些运动特色?

32 式太极剑是原国家体育运动委员会（现国家体育总局）运动司于 1957 年在传统杨式太极剑的基础上组织创编的简化太极剑普及套路。是继 1956 年简化太极拳之后的第一个面向广大人民群众的武术器械套路。全套动作往返四段，每段由 8 个动作组成，除起势和收势之外共有 32 个剑法动作。

32 式太极剑保留了传统杨式太极剑姿势舒展大方、剑法连贯柔和等风格特点，内容充实，动作清晰，主要包括点、刺、劈、抽、带、撩等剑法，配合步型、步法等组成套路。全套练习 32 式太极剑可以展现出剑法轻灵、沉稳连贯、柔中寓刚的风格特点。32 式太极剑易学易练易普及，深受广大习练者的喜爱。是既可单独练习健身，也可集体演练展示的大众武术健身套路。

二、怎样练习 32 式太极剑中的“持剑桩”?

“持剑桩”就是 32 式太极剑“起势”中的弓步前指姿势。是让初学者适应左手持剑和右手剑指的姿势练习。

桩势：两脚前后开立，两脚左右之间约一横脚宽；左腿屈膝下蹲主要支撑体重，脚尖向前，微内扣；右腿自然蹬直，全脚掌着地，脚尖向前 45° ，成弓步；上体正直右转；右臂前伸，右手成剑指，手腕与肩同高；左手持剑下垂于身体左侧；眼睛向前平视（图 7–1）。

图 7–1

要点：左手持剑松紧适度，两臂肘关节自然微屈。

对初学者的作用：弓步也是所有太极剑中的主要步型。学练“持剑桩”，可以使初学者明确弓步和持剑、剑指的规格，以及练太极剑的基本体态。对学习左手掌控剑的技法和右手剑指定型具有定标的作用。

三、怎样练习32式太极剑中的“平刺桩”？

“平刺桩”就是32式太极剑中第14式“跳步平刺（野马跳涧）”的结束姿势。“平刺桩”有助于初学者的顺弓步剑势定位。

桩势：两脚前后开立，两脚左右之间约一横脚宽；右腿屈膝下蹲主要支撑体重，脚尖向前，微内扣；左腿自然蹬直，全脚掌着地，脚尖向前45°，成弓步；上体正直左转；右手握剑平刃前伸，剑尖高与肩平；左手成剑指，屈臂举架在头侧上方；眼睛向前平视（图7–2）。

图7–2

要点：右手握剑时，“虎口”要靠近剑格(护手)抓握剑柄；左手剑指上架时指尖要斜向前，肘关节要微外展，使手臂成弧形。

对初学者的作用：顺弓步是32式太极剑中的主要步型，学练“平刺桩”，可以使初学者明确顺弓步和右手持剑前伸、左手剑指上架的剑势规格，因为太极剑中顺弓步的剑法很多，并且进攻剑法多以顺弓步结束，对进一步学习其他顺弓步的剑法具有定标的作用。教学者要向学生强调右手握剑后，手心要向上，将剑持平。因为初学者初次右手握剑，需要适应和掌控剑的自身和空间方位。

四、怎样练习32式太极剑中的“劈剑桩”？

“劈剑桩”就是32式太极剑中第6式“独立抡劈（探海式）”的结束姿势。剑身劈至剑尖与膝同高为“下劈剑”。

桩势：右腿自然直立，脚尖向劈剑方向；左腿屈膝上提成独立步；上体右转略前俯；右手握剑立刃向斜前下方伸出；左手成剑指，屈臂举架在头侧上方；目视剑尖（图7–3）。

图7–3

要点：左腿的膝关节要尽量高提；右手握剑沉肩伸出。

对初学者的作用：32 式太极剑中，独立步的剑法动作就有 5 个。这对于初学者来讲是有难度的。“劈剑桩”有助于初学者的独立步剑势定位。此时如果右手持剑，手臂前伸使剑尖向前，则剑的立刃应与地面垂直。

五、练习 32 式太极剑中的站桩有哪些注意事项?

初学者练习持（握）剑的桩势，一定要注意两点：第一是要有剑是身体的一部分之整体观，这样才能尽快达到身体和剑融为一体。第二是要注意右手握剑的“平刃”和“立刃”。“平刃”是剑身的两侧剑刃向身体左右两个方向；“立刃”是剑身的两侧剑刃向身体的上下两个方向。

“平刺桩”的“刺剑”为平刃剑法。是右手握剑将剑身纵向平刃由后向前伸出，劲达剑尖。剑刺出后剑刃要与地面平行。将剑刺出至与肩平为“平刺剑”，将剑刺出剑尖与膝同高为“下刺剑”，将剑刺出剑尖与头同高为“上刺剑”。

“劈剑桩”的“劈剑”为立刃剑法。是右手握剑将剑身纵向立刃由一侧向另一侧劈出，劲达剑身的“下刃前段”。将剑身劈至与肩平为“平劈剑”，剑身劈至剑尖与膝同高为“下劈剑”。剑劈出后剑刃要与地面垂直。

另外，教学者还要向初学者强调右手握剑要松紧适度。特别是握剑之后运用剑法时，右手五指要随剑把运动调整用劲程度，使剑在手中运转灵活自如，切忌在运用剑法时用力抓握剑柄（俗称“死把”）。

六、32 式太极剑中有哪些核心动作需要重点练习?

初步熟练 32 式太极剑的全套动作之后，要对以下各组动作进行单独的反复练习，可以尽快提高学练者的技术水平。

（一）向右平带—向左平带—独立抡劈。

（二）独立上刺—虚步下截—左弓步刺。

（三）提膝捧剑—跳步平刺—左虚步撩—右弓步撩。

（四）独立平托—弓步挂劈—虚步抡劈—撤步反击。

第二节　42 式太极剑竞赛套路中的站桩练习

一、42 式太极剑竞赛套路有哪些运动特色?

42 式太极剑竞赛套路是用于武术比赛的太极拳套路。“端庄典雅，柔中寓刚，轻灵沉稳，剑势缠绵”是 1993 年版《太极拳剑竞赛规则》中专门对 42 式太极拳竞赛套路风格特点的文字描述。

上世纪 80 年代中后期，随着我国太极拳运动在国内外的广泛开展，为使太极拳适应现代体育竞赛的需要，更好地利用竞赛方式把我国的太极拳推向世界，国家体委武术研究院继四式传统太极拳和 42 式太极拳竞赛套路之后，以传统杨式太极剑为主体，提取陈式太极剑、吴氏太极剑中的特色剑法，创编了42式太极剑竞赛套路。42式太极剑竞赛套路在保留传统太极剑精炼内容和演练风格的基础上，使动作编排新颖规范、内容充实、结构严谨、布局合理；而且在动作数量、技术组别和时间等方面均符合竞赛规则的要求。是运动员用于竞赛和太极剑爱好者的提高技术。

42式太极剑竞赛套路包括起势和收势共有42个动作，其中剑法主要有劈、刺、点、崩、撩、拦等18种（其中有3种发劲的剑法），步型有5种，三种不同组别的平衡，3种腿法等。演练时间符合竞赛3～4分钟的要求。1994年全国运动会将42式太极剑竞赛套路列为正式比赛项目。之后42式太极剑竞赛套路成为国内外武术比赛的正式项目，得到迅速推广，受到国内外众多太极拳爱好者的欢迎和参与，国内外涌现出众多42式太极剑竞赛套路的教练员和运动员。42式太极剑竞赛套路已成为太极拳爱好者必须学习的太极剑套路，对太极拳走向世界发挥了重要的推动作用。

二、怎样练习42式太极剑中的“提膝劈剑桩”？

“提膝劈剑桩”就是42式太极剑中第4式“提膝劈剑”的结束姿势。

桩势：右腿自然直立，脚尖向劈剑方向；左腿屈膝提起成右独立步；上体略右转；右手握剑立刃向前伸出，剑和手臂平直；左手成剑指，屈臂侧伸与肩同高，手心向外，指尖向前；目视剑尖方向（图7–4）。

要点：左腿膝关节要尽量高提；右手握剑沉肩平直。

图 7–5

对初学者的作用：42 式太极剑中，需要单腿独立保持平衡的剑法动作就有 9 个。“提膝劈剑桩”的劈剑为“平劈剑”，并且整体姿势周正，初学者容易掌握并表现出动作的气度。有助于初学者的独立步剑势定位。

此时如果手臂前伸使剑尖向前，则剑的立刃应与地面垂直。

三、怎样练习 42 式太极剑中的“提膝提剑桩”?

“提膝提剑桩”就是 42 式太极剑中第 38 式“提膝提剑”的结束姿势。

桩势：右腿自然直立，脚尖向提剑方向；左腿屈膝提起成右独立步；上体略右转并稍前倾；右手握剑屈臂举于右肩前，手腕同前额高，虎口斜朝下，剑尖置于左膝外侧；左手成剑指，屈臂侧伸与腰同高，手心向外；目视左前下方（图 7–5）。

图 7–5

要点：右手持剑把和左手剑指要有对撑之劲，左膝高提，左脚微内扣。

对初学者的作用：“提膝提剑”这个剑势初学者学会容易，但很难做得美观。因此把这个剑势的结束姿势作为站桩来练习，不仅可以起到定型的作用，而且对前面过程中的剑法和身体姿势亦有帮助。教学者对此要加以重视。

四、练习 42 式太极剑竞赛套路中的站桩有哪些注意事项？

初学 42 式太极剑竞赛套路，对 32 式太极剑“持剑桩”“平刺桩”“劈剑桩”都要进行练习。特别是“持剑桩”更要注意练习，因为 42 式太极剑竞赛套路的起势中左手持剑的动作较多，需要左手持剑更加灵活。

作为竞赛套路，运动员竞赛相比的就是动作的难度，就是比谁能在平稳前提下展现的剑法准确和美观。但对于初学者来讲，所有单腿独立的动作都能保持平衡并展现剑法是需要有步骤进行的。初学者可以从“提膝劈剑桩”和“提膝提剑桩”开始，进而选择自己喜欢的剑势进行站桩练习，以使自己的剑势美观并有内涵之韵。

五、42 式太极剑竞赛套路中有哪些核心动作需要重点练习?

初步熟练 42 式太极剑的全套动作之后，要对以下各组动作进行单独的反复练习，可以尽快提高学练者的技术水平。

（一）起势—并步点剑—弓步斜削—提膝劈剑。

（二）提膝捧剑—蹬脚前刺—跳步平刺。

（三）弓步平斩—弓步崩剑—歇步压剑。

（四）进步绞剑—提膝上刺—虚步下截—丁步托剑。

（五）分脚后点—仆步穿剑—蹬脚架剑—提膝点剑。

（六）右弓步劈—后举腿架剑—丁步点剑—马步推剑。

（七）转身下刺—提膝提剑—行步穿剑—摆腿架剑。

下 篇

武术站桩方法集锦

站桩可以说是武术中的特色训练方法。对于武术初学者来讲，站桩既是十分有效的入门方法，又是十分痛苦的专项练习。民间有“练拳不练功，到老一场空”的说法，其中所提到“功”中的一项重要内容，就是站桩。几乎所有的武术拳种和流派都采用站桩的练习方法，并且姿态多样，练习要领和步骤繁多，各具特色。

由于人体结构所限，很多拳种流派都选择站高姿势或低姿势的马步进行站桩练习；有的拳种流派有自己独到的站桩姿势和技法要求。下面就一些拳种中的特色站桩姿势和练法进行简单的介绍。

第八章　长拳中的站桩

第一节　什么是长拳

长拳在历史上曾是武术中舒展快速、闪展腾挪的拳术总称。

长拳在中华人民共和国成立之后，是用政府行为（成立武术专业队和进行专业竞赛）重点打造的新派武术。其中吸收查拳、花拳、炮拳、红拳、少林拳等动作舒展、放长击远的拳种特色，把手法、手型、步型、步法、身法、腿法、平衡、跳跃等动作进行规格定型化，按照《武术运动竞赛规则》中相关要求，编成各种适合竞赛的长拳规定和自选套路。长拳是现代武术竞技和武术表演的主要内容之一。演练时要通过有意识地筋骨撑长而表现出身体姿势的舒展大方；动作要快速灵活、动迅静定，运行中多起伏转折、蹿蹦跳跃而表现出刚劲有力和节奏分明的特色。舒展大方的运动形态体现了中国人特有的英武形象和内在精气神之美。

长拳是我国武术专业队、竞技体育学校、武术学校中的主要训练内容；长拳的基本动作和简单的短套路是我国各级各类学校体育教材中的传统体育教材内容。担负着青少年增强体质，让他们在习武过程中感受武术的身体运动方式和基本攻防技法的运用，形成端正的身体姿态，提高上下肢协调配合等身体运动能力的责任。同时培养青少年勇猛顽强、积极进取、尚武崇德的优良品质，引发对我国传统文化的探究欲。

第二节　长拳中的主要桩势

长拳中的马步、弓步、仆步、虚步、歇步等步型都是可以进行站桩练习的内容。其中站马步桩（图 8–1）是传统长拳类（指身体姿势多变，多蹿蹦跳跃的拳种）和现代长拳的重要基本功。也是一般意义上初学武术首先要学会和练习的基本步型，同时也是有基础的习武者用于提高功力的训练方法和手段。

图 8–1

（一）马步四平桩

“马步四平桩”是马步站桩的一种，对学练传统长拳类和现代长拳的初学者，是练功的主要内容之一。两脚平行开立

(宽约为本人脚长的 3 ~ 3.5 倍)，两腿屈膝半蹲，大腿接近水平；身体重心放在两脚之间成马步；上体正直；双手握拳向左右平臂伸直；下颌内收使头部上顶；目平视前方（图 8–2）。

图 8–2

要点：挺胸、收腹、立腰、顶头、平臂侧撑。

“马步四平桩”的传统要求是：

1. 两大腿的屈蹲要平行于地面。

2. 双手握拳向左右平伸的两臂也要平行于地面。

3. 头正颈直，头顶平行于地面。

4. 内心保持平静，自然呼吸。

这四个要求也是“马步四平桩”名字的由来。

下面的各站桩姿势初学者都可以参照练习。

（二）弓步架打桩（图 8–3）

（三）仆步亮掌桩（图 8–4）

（四）虚步勾手桩（图 8–5）

（五）歇步推掌桩（图 8–6）

图 8-3

图 8-4

图 8-5

图 8-6

初学者站好姿势之后，要有上下左右的撑顶之力，保持 1～3 分钟的时间。初学者站桩时要克服两大腿的酸疼感，尽量不让动作变形。

整体桩势要把身体的中线展开，振奋精神，用身体的舒展把精神带起来。

第九章　南拳中的站桩

第一节　什么是南拳

南拳是明代以来流传于我国长江以南（广东、广西、福建、湖南、湖北、浙江等）各省市的拳种总称。我国于 1960 年将南拳列为全国武术竞赛项目，至今一直是国内外武术比赛和表演的经典项目，技法特色突出，动作刚劲有力。

各地南拳流派众多，各具特色。如广东的南拳有洪、刘、蔡、李、莫“五大名家”，还有蔡李佛拳、虎鹤双形拳、白眉拳、侠家拳、南枝拳等；广西的南拳有周家拳、屠龙拳、小策打等；福建的南拳有五祖拳、白鹤拳、咏春拳、青龙拳等；湖南的南拳有巫、洪、薛、岳四大家；湖北的南拳有洪、鱼、薛、孔、字五大家；浙江的南拳有洪拳、黑虎拳、金刚拳等。民间素有“南拳北腿”之说，传说是南方人主要生活在船上，动手或比武时多用手法便于站稳发力，如用腿法则“起腿半边空”，易失去身体平衡；而北方人生活在平原和丘陵山川，腿力强健而善使踢法。

南拳的总体特点是拳势周正刚健，步法稳固，上肢动作多，手型手法多变，动作发劲刚猛，发劲时随势呐喊，以声助气助力，腿法和跳跃较少。“桥法”是南拳运用手臂的技法，分为“长桥（直臂的技法）”和“短桥（屈臂的技法）”。南拳拳势的特色，多有运用一种步型不变，变换多种手型手法的上肢技法。

武术中很多拳种流派都有发声方法，南拳的发声具有代表性。南拳的拳势中有配合拳脚击出的“发声助势”，以动作和声音结合，用发出声音助长身体的发力。通过合埋的发声，发挥人的整体力量，具有威慑对手，加大拳脚器械的杀伤力度、造成对手的错觉等效果。表演时发声则有一种使拳势威猛、气势逼人的演练效果。

经常练习南拳可以明显增强两臂及胸背肌腱的力量，可以感受到南拳的特色身体运动方式和基本攻防技法的运用；南拳周正的身型和刚健的拳势在学练过程中可以端正和修正身体姿态；多变的手法和稳固有力的步法，可以提高上下肢协调配合的身体运动能力；通过发声可把不良情绪从身体内排除出去，达到调整身体内环境和振奋精神的作用。对各年龄段的人都有较好的锻炼作用。

第二节　南拳中的主要桩势

南拳的拳谚有“未学功夫先学扎马”之说。“扎马”就是南拳的站桩练习。南拳中的马步、半马步、弓步、骑龙步、跪步、单碟步等步型都可以进行站桩练习。在此基础上再练习上步、退步、撤步、跨步、麒麟步等步型，南拳称之为“走马”。站桩是南拳的重要基本功，是初学南拳首先要学会和练习的基本步型，也是有基础的习南拳者提高功力的训练方法。

（一）马步推指桩

两脚平行开立（宽约本人脚长的 3 ~ 3.5 倍），两腿屈膝半蹲；身体重心放在两脚之间成马步；上体正直；双手成指，向前平臂直伸；下颌内收使头部上顶；目平视前方（图 9–1）。

图 9–1

要点：挺胸、收腹、立腰、顶头。

下面的南拳各站桩姿势初学者都可以参照。

（二）半马步摆掌桩（图 9–2）

图 9–2

（三）弓步蝶掌桩（图 9–3）

（四）骑龙步推掌桩（图 9–4）

（五）跪步虎爪桩（图 9–5）

（六）独立步推撑桩（图 9–6）

图 9–3

图 9–4

图 9–5

图 9–6

初学者站好姿势之后，保持 1 ~ 2 分钟的时间，尽量不让动作变形。要有饱满之力，精神振奋。

第十章　形意拳中的“三体式桩”

在我国的武术界，从古至今流传着“内家拳、外家拳”的说法。外家拳主要是指动作放长击远、刚劲有力、多蹿蹦跳跃的拳派；内家拳主要是指拳势古朴自然、刚柔相济、讲究内劲的拳种。历史上曾将形意拳和太极拳、八卦掌并列称为我国的三大内家拳。形意拳中的“三体式桩”更是早已闻名于世。

第一节　什么是形意拳

形意拳是源于山西，在北京、天津、东北等地有着广泛群众基础的拳术，习练者众多。形意拳讲究“像其形，取其意”，周身完整一气。中华人民共和国成立之后，形意拳一直是国内外各类武术竞赛和表演的常设知名项目，参赛的竞技者颇多。

形意拳的动作看起来简单，但其练习要领繁多精细，具有朴实无华、可刚可柔、易学易练、简捷实用的特点。形意拳械中蕴含着朴实简单的健身和防身技法。其中以三体式桩、形意五行拳（劈、崩、钻、炮、横五种基本拳法）、五行连环拳、十二形（龙、虎、猴、马、鼍、鸡、燕、鹞、蛇、鲐、鹰、熊十二种动物的取意象形）等拳术；形意刀、形意棍等器械；五行生克、安身炮等对练；崩拳、虎扑等散手为主要内容，十分丰富。还有用“五行学说”为支撑，论述自身攻防规律的拳理，在武林中独树一帜，并在社会上有广泛的影响。

形意拳具有良好的健身功能，基本拳法简洁古朴，步法大多直向前进和后退，与人自然的行走动作相近，对于具有普通身体素质的广大健身习练者，是便于学练和保持健康的强身之法，更是老年人保持行走能力和生活质量的养生之法。形意拳的动作具有技击性，经常练习可在遇到突发事件防身时发挥作用。同时形意拳的五行生克拳理更是陶冶人们情操的传统文化。在学习的过程中不仅有助于掌握形意拳的技术动作，同时也有助于不断加深对所练内容的理解和对自己人生的体悟，充实和丰富自己的生活内容，提高生活质量。

第二节　怎样学练形意拳“三体式桩”

“三体式”是练习形意拳套路和技击时的最基本姿势，是初学形意拳者首要学练的重点内容。“三体式”站桩是学练形意拳的起始练习，从中逐渐体会形意拳的动作要领。

桩势（以左侧三体式的姿势为例）：两脚前后开立，两脚之间的距离约两脚长，重心偏于后脚；左脚尖向前，右脚尖向外展约 45°，两脚全脚掌着地，右脚跟与左脚跟在一条直线上；两腿微屈，两膝微内扣；上体正直，拔背、舒胸、实腹、敛臀和裹胯；两肩要平并要有意识地下沉；双手成掌，手腕下塌，左臂肘关节微屈置于体前，肘尖向下，左掌心斜向下，指尖高与鼻平；右臂屈肘置于右肋，右掌拇指根节紧靠肚脐，前臂内侧紧靠腹部；头略向左转，下颌内收，头上顶，颈竖直；两眼平视前方（图 10–1）。

图 10–1

要点：前腿支撑体重的 30%，后腿支撑体重的 70%。身体重心要偏后。后腿的弯曲程度要大于前腿。前腿膝关节要微屈，前脚要略向后蹬，与后脚之间形成一定的“撑劲”。双手之间亦要有撑拉之劲。

第三节　初学形意拳者学练“三体式桩”要注意什么

从学习和练功的角度看，三体式中包含了形意拳在手型、身形、步型等方面的基本要求。从技术学习的角度来看，先学练三体式的意义，主要是让形意拳的学习者掌握形意拳特有和主要的基本身体姿势。因为“一本可散万殊”，必须先有此

“一本”，才能衍生出诸多它法。形意拳的“三体式”就是学练形意拳的“一本”。因此，三体式既是初学形意拳者入门必先学练的最基本姿势，也是练习形意拳者提高时用以增长功力的主要手段。形意拳传统理论中有“万法出于三体式”之说。

初学者学练“三体式”的站桩姿势时，要先量好两脚之间的距离，摆好两脚的姿势，然后屈膝下蹲，上体直起，摆好两臂及头部的姿势。然后开始站桩。站一定时间后，自然将两臂放下，两腿站起，就可以结束练习了。“三体式”的姿势摆放熟练了，再学练形意拳的起势和收势，并在起势和收势中练习“三体式”。

练习三体式时可以逐部位体验头正、颈直、沉肩、实腹、敛臀、拔背、舒胸、沉肩、垂肘等身体姿势的要求，要记住正确姿态的身体感觉。在保持步型规格的前提下逐渐延长站桩的练习时间。

学练三体式站桩的初期，因为是后腿主要支撑体重，持重强度较大，所以每次站桩的时间不要太长，可多站几次。以不因肌肉酸痛而使姿势变形为准。初学每次站 1 ~ 2 分钟为宜。随着练习水平提高，逐渐增加每次站桩的时间，直至一次能站桩 5 分钟左右。随着练习水平的提高，可以逐渐降低两腿的弯曲度。要特别注意增加后腿的负担量。

左侧三体式的姿势熟练之后再摆右侧三体式的姿势。在形意拳套路中，左侧三体式的动作居多。但练习三体式站桩时，左右两侧的三体式均要练习同样的时间。

当三体式的正确姿势定型后，即可在站桩时增加攻防意识，意想即将要进攻或防守。

第十一章 意拳中的“技击桩”

意拳又名大成拳。和我国武术中的其他拳种相比，之所以说意拳是我国武术中的特色拳种，第一是因为意拳特别注重站桩练习，其中的“技击桩”更是闻名于世的桩法。站桩时强调“意”与“形”的有机结合，讲究养生、练功、实用（指技击）同时兼顾，第二是因为意拳技术体系中没有套路的形式，全是有相应意念配合的徒手单势练习和对抗练习。

第一节 什么是意拳

意拳是王芗斋（字宇僧，1886—1963）先生在形意拳的基础上所创。1937年他在上海传授意拳，颇负盛名；后回北京传授意拳并登报比武。1939年，社会推崇王芗斋先生的拳技高超，拳理集古今中外之大成，遂冠以“大成拳”之名。王芗斋先生晚年时主要致力于研究和传授意拳站桩，以此为广大学习者治疗慢性疾病和保健益寿。中华人民共和国成立以后，王芗斋先生曾应邀在我国医学界倡导和传授意拳站桩，从学者甚众。意拳的内容中饱含着意拳先辈和今天拳家的智慧和艰辛血汗。

意拳的核心目的就是要通过与意念紧密结合的站桩、试力、试声、发力、摩擦步、推手、实做等内容的训练，恢复人的警觉性和原始格斗本能，其中蕴含着结合意念的练习步骤和方法。大量的实践证明，意拳可以提高人的搏击能力，对体弱者有明显的强壮作用，对病患者亦有明显的祛病治疗功效。

第二节　怎样学练意拳的“技击桩”

“技击桩”是意拳学练者由养生桩转为学练技击的基本桩法。

桩势（以左侧技击桩的姿势为例）：两腿前后开立，右腿屈膝，脚全掌着地，脚尖外展约 45° ，支撑 70%的体重；左腿膝微屈，脚跟提起，脚尖向前，右脚跟内侧与左脚跟内侧在一条直线上；上体正直与正前方成 45° ，微含胸拔背；两肩平沉；双手成掌环抱，左臂沉肘于体前，掌心向内，拇指高与鼻平；右臂屈肘于右侧，掌心向内，手腕高与肩平；头略向左转，下颌内收，头上顶；两眼视前方（图 11–1）。

图 11–1

意念：真正学习意拳，所要练习的技击桩要经过不断的精雕细琢修正动作和不断变换意念。但一般的锻炼者只要在站“健身桩”和健身意念的基础上，就可以站技击桩，并可以增加意拳里的最高境界——假想敌（警惕性的意念）。这个假想敌可以是与自己对打之人、扑来的动物或警惕地防着意外的发生。这种意念请在站桩中仔细体悟。

如果坚持每天站技击桩，一段时间之后，自会感觉到身体内部的精力十分充沛，双手也充满气力。练过意拳站桩，有这种感觉的朋友绝非少数。

要点：上松下紧；意识逼真。

第三节　初学者学练“技击桩”时要注意什么

对于大众初学者，站技击桩时后腿的大腿肌肉会十分酸痛，初期练习一定要坚持渡过酸痛期。另外，练习技击桩主要是为了提高自己的警觉意识和自身防卫能力，要假想如临大敌的情景。练习时还可以看军事题材和公安破案题材的影片，诱导警惕性和警觉能力的提高。除了站桩之外，日常生活中还可以尽可能地参加多种体育活动，特别是一些有对抗性的活动，这对提高自身防卫能力会有帮助，但练习时别太较劲当真。站桩之后，一定要多散散步，这样感觉会更好。

第十二章 潭腿中的“单鞭桩”

第一节 什么是潭腿

潭腿是有十路或十二路系列套路的北派代表性拳种。在山东、河北、河南一带流行比较广泛。同时其他很多的拳种流派都选用潭腿作为自己入门的基础练习。每一路潭腿的套路只有简单几法，在基本冲、挑、劈、撩等手法的配合下，都有重复数次的弹踢腿法或蹬腿、腾空箭弹的腿法。在以“北腿”著称的北方武术拳派中，不少拳种都是以潭腿的套路为启蒙的。因为潭腿的手法、腿法、步型、步法都是武术中各拳种中的最基本内容。潭腿动作朴实，姿势工整，左右对称，适合武术初学者练习，是老一辈武术家公认的武术基础入门套路，同时也是提高武术功力的练习内容。如练查拳者往往都是学练十路查拳之前先学潭腿；练华拳者也大多在学练十二路华拳之前先学潭腿；当年精武会还曾将潭腿作为基础功夫加以传授，其他诸如劈挂拳、八极拳、六合拳等门派也将潭腿作为基础套路练习。

关于潭腿名称的来源大概有几种说法，其中的一种说法是这个拳种起源于河南谭家沟或山东龙潭寺，因此采用的是地名

“谭腿”或“潭腿”。其二是这个拳种注重快速的屈伸性腿法，弹踢的动作多，出腿快速有弹性，因此从技术特点上起名叫“弹腿”。其三是有说由河南谭姓拳师所创，因此以谭姓命名，后来又被逐渐传为潭腿。我们觉得还是以地名为好，因为代表着发源地；如以动作命名，容易让不了解的人以为只是一个腿的屈伸动作。

从套路的数量上讲，流行至今的主要有十二路弹腿、十路弹腿和六路弹腿。另外还有对练套路，叫“双人潭腿”或“接潭腿”。从不同传承的流派特色来讲，主要有临清潭腿、少林潭腿、教门弹腿（回族）、精武潭腿、通背弹腿等。不同传承的弹腿路数不同。如临清潭腿、教门弹腿、通背弹腿都是十路，少林潭腿、精武潭腿是十二路。教门弹腿、少林潭腿、精武潭腿的动作大同小异，临清潭腿的动作差异较大，通背弹腿有自己的特色动作。但其中的弹腿动作都是高到裆、低到胫骨的弹踢（低弹踢又叫“寸腿”）。中华人民共和国成立后，弹腿被列为全国武术表演和比赛项目。

第二节　怎样学练潭腿中的“单鞭桩”

“单鞭桩”是潭腿初学者的入门基本桩法。

桩势：两脚前后开立，前腿脚尖微内扣，屈膝半蹲；后脚尖内扣约 45°，后腿挺膝伸直，后髋下沉并内扣成弓步；上体正直与正前方成 45°；双手握拳，拳眼向上，左臂前伸，手腕与肩同高，右臂向右斜后方伸出，手腕略高于肩；头向左转，目视左拳方向（图 12–1）。

图 12–1

要点：后腿挺膝，后脚全掌着地，顶头沉髋，双拳撑顶。

对初学者的作用："单鞭桩"是在潭腿套路中反复多次出现的身体姿势。站"单鞭桩"主要让初学者掌握弓步的前顶和后蹬之劲、上顶和下沉之劲，以及双手的左右对撑之劲。这些劲力都是完成潭腿中主要动作的基本劲法。练习时尤其要注意。

另外，潭腿中的弹踢姿势（图 12–2）也可做控腿站桩的练习，因为弹踢时支撑腿的平稳也同样重要。

图 12–2

第十三章　八极拳中的站桩

第一节　什么是八极拳

八极拳是我国传统武术中的著名拳种，广泛流传于国内外，是国内外武术表演和竞赛的传统项目。关于八极拳的源流有多种说法，比较集中的说法是清初时期源自河北沧州地区的孟村。现在可考的第一代传人，为清朝初年的吴钟。

八极拳也叫“开门八极拳”，所谓“开门”，就是在比武或打斗中，闯开对手的“门户（防守动作）”，将其尽快击败之意。八极拳的动作朴实简洁，刚猛脆烈，多震脚发劲动作。是注重刚劲爆猛、打练结合，讲究实战的拳术。民间流传有“文有太极安天下，武有八极定乾坤”的说法。

八极拳的名称中有关“八极”二字的多种解释也说明八极拳的实战技击功用。其一，八极拳技法的核心是追求勇猛凶狠快速，无所不用其极。其二，八极拳在练法上讲究内存冷、脆、快、狠、暴、猛、神、急八种技击意识；

同时在外形上要具有龙、虎、猴、熊、燕、犬、鹰、鹑八种动物的形神之态，表现和运用要到达极致。其三，在具体技法上以向四面八方外撑的“十字劲”为主要劲法，讲究运用头、肩、肘、手、尾、胯、膝、足身体的八个部位，追求拳势之劲要饱满充实，劲发八面之极。在实战技击中，讲究舍身猛进，近身贴靠，运用挨、崩、挤、靠等攻击技法，不招不架，见招打招，发挥自己的极限。

八极拳以弓步和马步为主要步型，步法多以震脚、闯步结合进行，八极拳的腿法主要有弹、搓、扫、挂、截等，“搓踢”腿法极具特色。

八极拳在练法上要求：沉肩垂肘、顶项拔腰、含胸拔背、气贯丹田。在拳势的发劲时，常伴有“哼、哈”之声，内外合一，以气催力，完整一气。

八极拳练功主要使用弓、板、桩、袋、球等器具；功法主要有搂桩、靠桩、鼎功、掌板、搧球、抖大枪等。

八极拳徒手训练的内容主要有金刚八式、六大开、八大招、六肘头、六十四拆手等；器械训练的内容主要有滑大杆、对劈刀、大枪对扎、对劈十三刀等。

八极拳的拳械套路主要有八极拳、应手拳、八极小架、八极对接、六合枪、春秋刀、行者棒、八棍头、夜战刀、纯阳九宫剑等。

八极拳的历史悠久，经历代传人苦练精研、发扬光大，以独具特色的技法和练法在武术界自成一家，且经久不衰。八极拳的前辈中多出名家，在武术界和社会上影响很大。

第二节　八极拳中的两仪桩是怎样的姿势

八极拳的两仪桩是两脚平行开立，两腿屈膝半蹲，身体重心放在两脚之间成马步；上体正直，双手半握拳，右臂屈肘成顶肘姿势，置于躯干右斜前方，拳心向上；左臂屈肘置于躯干左侧，与右肘同高；头向右转，下颌内收，目视顶肘方向（图13–1）。

图13–1

要点：顶头直颈、沉肩含胸、裹臀提肛、圆裆扣膝、脚趾抓地。

八极拳两仪桩的歌诀：头顶青天，脚踏两川。怀抱婴儿，两肘顶山。

另外，八极拳站桩的拳势还有拉弓式桩（图 13–2）和十字拳桩（图 13–3）。这两种桩势初学者都可以参照练习。

图13-2

图13-3

第十四章　梅花拳中的“桩步五势”

第一节　什么是梅花拳

梅花拳又叫梅花桩，是我国历史悠久的拳种之一。梅花拳产生的确切年代无从考证。据《广宗县志》和《平乡县志》记载，梅花拳在明末清初传入当地。《辞海》中记载“梅花拳，亦称梅花桩。武术拳种。起源于明末，清乾隆年间流传较广”。梅花拳中蕴含着我国阴阳、五行、八卦等传统文化的精髓，练习内容和方法自成一体，十分丰富。2006 年梅花拳被列为首批国家非物质文化遗产项目。

据说梅花拳最初是在木桩上练习，后来转为地面练习，因此也称“落地梅花桩”。梅花拳的练功内容分为架子、成拳、拧拳、器械等几部分。

“架子”就是梅花拳的基本套路，初学者要从拉架子开始。架子包含桩步五势（大式、顺式、拗式、小式、败式的站桩，训练全身气力，在拳理上对应金、木、水、火、土五行）和行步三法（将桩步的姿势变为动态运动的步法称之为“行步”，训练进退闪转、灵活多变的步法）。

“成拳”是对练的套路。两人在双方配合的抓、拿、摔、打对练中，感受对方进攻防守的时机和分寸，既练习手眼身法步，又练习相互配合，从中培养舍己从人、逆来顺受的顺势应变能力。

“拧拳”是“成拳”的进一步练习，是有分寸的“真实打斗”。讲究双方无固定格式，将自己掌握的技法随机随势而用，有“乱拳绝手”之谓。要求练习者处于凝神忘形的状态，见机随机，自由使用自己掌握的技法。

梅花拳所用器械大多由古代兵器演化而来。其中春秋大刀、梅花大枪既是体现梅花拳的器械技法特色，又都是练功的重器。其他的器械除刀、枪、剑、棍等常用的兵器之外，还有三节棍、雁翅镗、风火轮、流星锤等奇门兵器。梅花拳器械演练时技法多样，多左右对称。还有独特的专门装数十种兵器的独轮小车，承载着梅花拳器械的历史。

梅花拳注重武德修养，追求“真文大武”的境界。梅花拳的传统学练规矩是先在武场学习拳术和拳理，然后再接受文场传统教育，讲究文武并重，文场指导武场。梅花拳还有内部规定，只有经过文场的弟子才能被认定是梅花拳传承人，去世后才能被写入梅花拳“家谱（谱轴）”。这也说明文场在梅花拳中的作用。另外，梅花拳还在传承时讲究辈分，但练功上以能者为师。所谓“梅花拳珍珠倒卷帘，徒弟倒把师傅传”。

第二节 梅花拳“桩步五势”是怎样的姿势

“桩步五势”是梅花拳入门必须学练的五个最基本拳势。

每个拳势的名称和桩势是：大式桩（图 14–1）、顺式桩（图 14–2）、拗式桩（图 14–3）、小式桩（图 14–4）、败式桩（图 14–5）。其特点是每势既可单独进行站桩练习，又可以加上步法和连接动作在套路中进行站桩练习。目的就是强筋骨和增气力。

图 14–1

图 14–2

图 14–3

图 14–4

图 14–5